Animal Spirit Guides

靈性動物完全指南

召喚守護力量，連結宇宙訊息

史蒂芬・法默博士 Steven D. Farmer 著
李曼瑋 審譯

給 Jaden 與 Gena：
願你們及未來後代都能與世上所有的生命和平共存。

「萬物呼吸著同樣的空氣——獸、樹、人……
空氣支持著萬物，與萬物分享它的靈。」
——西雅圖酋長（Chief Seattle）

「如果你與動物說話，
動物會回應你，你們就會認識彼此。
如果你不與動物說話，你就不會認識動物。
對於不認識的事物，你會心懷恐懼。
人面對恐懼的事物，只想將其毀滅。」
——丹·喬治酋長（Chief Dan George）

推薦序

沒有孤獨的動物，只有專注的靈魂

翻開這本書的你，瞬間有想起幾個在心上的動物嗎？

請先翻翻目錄，找到他，觀看他給你的訊息。

跟你們分享：

我在書寫的同時，出現的動物夥伴是「蛾」。

他出現在我的窗前，同時我的心中浮出數字「132」，也正好是本書第132篇的「蛾」。看著他給我的提醒，身體的狀態、工作的豐盛與創意的流動，以及埋藏在黑暗中的訊息，我跟蛾一樣，都是可以在黑暗中活動的生物。

生活在地球上的你我，從出生開始就與天地萬物同享地球的滋養。大地母親與我們的母親一同養育我們，母親的奶水也是在太陽下、月光中，一點一滴地滲進我們的身體之中。無論從哪一種地板上開始學會走路，踏上草地、觸摸樹的我們，總是可以更深的呼吸。有種熟悉感……我們從細胞裡呼吸大自然，不自覺地也更放鬆，那是我們很動物的時刻、那是我們很自然的狀態，這就是作者想要跟我們分享的動物之愛。

作者透過自身經驗，提供讀者們可經由視、聽、感應與認知去觀察「身邊」的動物。那些在你身邊的訊息，是等著你去開啟的禮物——它可能是一份豐富的餽贈，也可能是一個略帶冒險的挑戰，又也許只是一段陪伴。但是當你回想起跟鴿子一起踏出的那幾個步伐，竟然覺得一點也不孤單，這是因為就在那一刻，你的內心也深深地召喚動物的出現，這就是動物的力量，從你體內召喚力量，成為你的一部分。

身為一名動物溝通者，我深深地感受到——在動物的世界中，沒有孤獨的動物，只有專注的靈魂。動物們專注地在世界中找到自己的位置，讓自己的形狀透過環境更加強化自身的存在，然後成為支持世界的一部分，也成為連接你我的一環，因為我們跟動物一樣，同享天地。

最末，本書以英文流傳多年，也是我案頭的工具書之一。這些年多虧有愛動物溝通的草原學生們幫忙傳遞與翻譯，最後透過曼瑋審訂，而能在台灣出版，深深感謝。

相信本書的中文化，也意味更多靈性動物正品嘗著臺灣的風土，一一連結島嶼跟地球的根，讓我們愛得更為自然。

祝福翻開書的你，也能感受到輕盈自在的自己。

知名動物溝通師

目錄
Contents

Contents

Contents

編輯室報告

本書提供的任何訊息，均不可取代專業的醫療建議，請一律向醫生諮詢。請讀者自行斟酌要以何者方式採用本書所提供的訊息，並全權承擔風險。對於因採用或誤用本書所提出的建議、未遵從醫囑，或因第三方網站上的任何資訊而導致的任何損失、索賠或損害，作者和出版商概不負責。

本書作者收益的百分之十，將捐贈給動物保護與保育組織 Defenders of Wildlife、People for the Ethical Treatment of Animals、The Humane Society。

前言

動物守護靈——導師、嚮導、療癒者

《力量動物》（*Power Animals*，書名暫譯）出版之後，許多人紛紛向我詢問一些書中沒有提到的動物靈，想知道祂們出現的意義。在我的工作坊裡，每當我進行力量動物的解讀，就會出現各式各樣、沒有那麼熟悉的動物靈。市面上雖然有很多書籍、DVD、網站等媒介探討動物王國和動物守護靈的意義（祂們也可能是所謂的圖騰動物、力量動物、動物靈、動物伴侶），卻沒有一套足夠簡單明瞭的說明。

我發現，如果有人碰到與某動物有關的不尋常經驗，或者是重複看見同樣的動物，不論該動物是以實體或象徵意義出現，首先，這些人要了解該動物的出現代表什麼意義？靈性世界試圖藉由那個動物的本質，向他們傳遞什麼訊息？另一個常見的問題則是：為什麼人們身上會帶有某個圖騰動物或力量動物？而這些動物又代表哪些人格特質？第三項讓人感興趣的部分，是針對特定目的召喚動物守護靈，例如：要召喚哪個動物來提升自信或解讀夢境。

很明顯地，想要擁有這樣的一本書，我必須自己把它寫出來，並且在眾動物守護靈的協助與貢獻下完成。正如本書書名所述，我撰寫此書的目的，便是完成一本實用、易讀、方便使用的手冊或指南，以簡單、直接的形式，進入正題並回應上述問題。你不會在書中兩百多種動物守護靈的介紹中，看到過於詳細的描述與說明，相反地，你會先看見每個動物的照片。常見的動物大部分人都可以分辨，但如果是不常見的動物，以守護靈之姿出現在你面前呢？文字敘述有時較難表現確切的形象，但圖片就不一樣了，這也是所謂的「百聞不如一見」。當然，如果你想知道與某個動物有關、更為詳盡的知識，你很容易能透過書籍、網站、DVD 找到更多內容，〈附錄〉的「參考資源」也列舉出很多相關資料。

我相信，在你靈性追求的道路上，你會覺得本書——以及這裡所舉出的動物守護靈——對你很有幫助。這些美妙的生物以不勝其數的各種方式，一路引領、教導、療癒著我。而且，在完成本書的過程中，實際上我也從祂們身上獲得很多幫助，其中，幫助最大的就是**鷹**。

鷹帶來專注

那是聖誕節前夕的早晨，我和妻子朵琳（Doreen）正在進行晨禱，這是我們每天早上、在一天開始之前都會進行的神聖儀式。這時，我的眼角瞥見了一陣揚起的翅膀，原本在臥室窗外覓食的所有鳥兒突然迅速四散。在我家窗台和外面的樹上看到鴿子和少數其他鳥類並不稀奇，因為我們會把鳥食放在那裡。所以，顯然有東西驚動了他們。我自然也好奇是什麼造成這場騷動，於是向外四處張望，看見了一隻雄壯的紅尾鷹棲息在幾英呎外的樹枝上，神色威嚴地審視著他的領土。他無比自信、泰然自若，正耐心地等待著某個本能訊號，準備發起接下來的攻擊。

我上次看到這隻鷹已經是好幾個月前的事了，多年以來，**鷹**一直意味著知識淵博且信息準確的信使與守護靈，因此，我決定向鷹動物靈詢問他這次拜訪的意義。接著，我的腦中響起：「保持專注、不要分心，把事情維持在正確的方向。」

簡單明瞭，一點也不晦澀抽象，這就是我喜歡動物靈提供訊息的方式——不論信使是哪個動物，他們的訊息通常都很明確——

而且，**鷹**一直以來都是值得信任的導師與嚮導。

有鑑於我必須在短短的五週後交付你手裡這本書的手稿，我真的非常感謝**鷹**在那時給我的建議。寫作需要自律，我承認我有時候真的很容易因為一些看似重要的事情而分心，像是整理辦公室、檢查電子郵件或者是玩電腦遊戲（如果你想要毫無意義地轉移注意力，讓自己無法完成工作，我高度推薦這三項活動中的任何一項）。

於是，那天早晨，懷抱著對來訪朋友的感激之心，我坐在電腦前，認真而勤奮地開始寫作。我的專注力持續了大約三十分鐘，然後就突然決定要去檢查郵件。我按下按鍵、登入帳號，可是，什麼都沒有發生，網路沒有連線！突然間，我整個人陷入了恐慌，覺得這是一場巨大的危機。我打電話給專責的網路工程師，但是他接下來幾個小時都沒有空處理我的問題，所以我花了三小時跟網路公司和蘋果電腦通電話，嘗試了各種方式還是無法解決我的網路問題。我的心情愈來愈沮喪、不斷喃喃自語，我緊握雙拳，覺得自己緊繃到腸子都打結了。那天早上，在**鷹**溫柔的提醒之下，我立志要完成十頁，而這件緊急情況居然完全耽誤了我的進度！

就在我急到想要亂丟東西的時候，我的工程師出現了，花了幾分鐘施展他的電腦魔法，就把網路重新連上了！我立刻上網檢查郵件！由於那天是聖誕節前夕，基本上沒有什麼工作郵件進來，除了一封來自奈及利亞的信。信中的男子希望我提供協助，讓他把幾百萬美元轉進我的戶頭，我因此能獲得一定比例的抽成。

我試著回想一開始到底是什麼緊急的事情讓我一定要去檢查郵件，但我想不起來。不管那時的原因是什麼，它完全輸給一個看似更重要的事情——讓網路再次運作。接著，我又再次聽到**鷹**的訊息：「保持專注、不要分心，把事情維持在正確的方向。」

就像那個陳年廣告裡面的主角、拍著自己的頭說：「我應該喝V8 果汁的！」[1] 我大笑自己的愚蠢，因為我完全忘記了**鷹**那美麗且目的明確的訊息，面對這個微不足道的困境，我居然就此寫出了一齣大戲！我完全可以把網路問題放到一邊，但它卻輕鬆地分散了我寫作的注意力，好吧，玩笑開到自己頭上了。或許郊狼就在附近，施展著牠的療癒力量。[2]

於是，我戒掉了電腦遊戲、把檢查郵件放在代辦事項的最後，並且在剩下的時間和下週的每一天都勤勞且高效率地寫稿。在一月一日的早晨，猜猜誰又出現在窗外的樹上？沒錯，那隻**鷹**。來自**鷹**的溫柔提醒——「保持專注、不要分心、繼續寫作！」

這些提醒好像都還不夠，大概兩週後，在一個溫暖的南加州白日，我正坐在書桌前敲打著電腦鍵盤，突然間，我書桌前方通往後院的玻璃滑門出現了很大的聲響。我整個人嚇到了，抬頭看見類似翅膀的東西在瘋狂地拍動著。我站起來繞過書桌，果然，就是我之前看過的那隻**鷹**，他正用翅膀和爪子撲向玻璃，想要趕快離開這裡。因為他很明顯地已經嚇壞了，所以我試圖用平靜的態度與他對話。在那時，朵琳進來了，我們都覺得這個不尋常的事件實在是太驚奇、太震撼了。我半開玩笑地說：「妳覺得這意味著什麼？」接著，我們相視而笑。幾分鐘後，我打開玻璃滑門，那隻**鷹**立刻飛走了。

不久，我們發現一隻白鴿藏在書桌和印表機之間，一逮到機會

---

1 譯注：郊狼的出現意味著，面對阻擋自己的困境一笑置之。

2 譯注：這句話來自一個廣告，主角在喝了很多不健康的飲料之後，拍著自己的頭後悔地說自己應該喝 V8 這種健康飲料，而不是那些對身體不好的東西。

立刻迅速飛走。我們這才知道原來那隻**鷹**是在追逐這隻白鴿，雙方通過前門敞開的玻璃滑門飛進屋裡，穿過走廊、飛進我的辦公室，但因為這裡的門是關起來的，所以這場追逐不得不暫停。也就是說，為了避免我錯過前面兩次的意義，**鷹**第三次的拜訪，為先前的訊息加上了一個戲劇性的驚嘆號。

一切平靜下來之後，我開始思考剛剛發生的事。除了**鷹**先前的訊息之外，他亦強調要勤奮努力、持續不懈地專注於追逐自己的目標（本書），不管發生什麼事，如同他面對獵物一樣：專注、認真。**白鴿**的到來，從動物守護靈的角度同樣也傳達了一些訊息：首先，這會是美好的結局；然後，就算遇到干擾與騷亂，仍舊全程維持平靜與冷靜的態度。

我們與動物以及動物守護靈之間的自然連結

動物充斥在我們的意識之中，時刻與我們同在，這真是美好。他們以各種形式出現，不論是實體還是象徵形式。實體諸如我故事裡的鷹和白鴿、在後院飛舞祝福花兒盛開的蜂鳥、於海中嬉戲的海豚；象徵形式則像是我電腦前的圖騰動物玻璃雕像；那些看著我工作的小浣熊、陸龜、貓頭鷹和鷹；我辦公室牆上掛著的彩虹蛇畫；還有，在房間角落、張大翅膀看著我的渡鴉銅像。

在日常生活之中，我們與動物王國之間也有著各式各樣的親密連結，就算在擁擠的都市環境裡，樹上的鳥兒依舊高歌；鴿子們總是聚集在坐在長凳上、餵食著他們的男子身旁；松鼠也蹦蹦跳跳地忙著自己的事情。在林中散步時，我們可能會能看見一隻兔子在灌木叢中奔馳而過、一隻突然出現又迅速消失的鹿，或是正用爪子挖扒小蟲子的野生火雞。狗、貓、金魚、倉鼠這些常見的家養動物，也在時刻提醒著我們牢記人與動物的關係。還有動物園和野生動物公園，我們在那兒可以安全而隱蔽地一窺大自然豐富的野性。

不管你走進幾家商店，在店裡的圖片、珠寶、織品等商品上，你都會看見動物的形象。許多職業運動俱樂部也會以動物命名，例如費城老鷹隊、雪梨雄雞隊，還有很多組織的命名也是如此，像是雄獅俱樂部、駝鹿忠誠會。童話故事中也充滿了動物，他們可以彼此交流，更能與人溝通。股市要不是牛市、就是熊市；有人忙得像海狸一樣，有的人卻像狡猾的黃鼠狼，想要推諉責任、擺脫困境（weasel out）。你或許想用計謀騙過（outfox）某人，但因為你的說法太過可疑（fishy），別人可能會覺得你只是在胡鬧（horse around）而且想激怒他們（get their goat），所以一旦你的計謀被發現，你就只好低聲下氣地（eat crow）道歉。[3]

好的，例子舉得夠多了，你應該足以明白，我們與動物手足的生活實實在在地交織在一起，以至於多數時間我們都沒有意識到他們的存在，亦未注意到他們給予我們的豐富饋贈。

動物不僅僅在我們四周，我們自己也是動物——人類這種動物。我們只要停下片刻、感受自己的心跳、關注自己的呼吸與動作，並且看見我們的吃、睡、排泄、生育等基本起居，幾乎都和所有動物的習慣一致。不論在地上、空中還是海洋，我們呼吸著相同的空氣、住在同一顆星球上。就像所有生物一樣，我們終會死亡，我們的身體將回歸大地的土壤，我們的靈魂則前往靈性的國度。

3 譯注：作者在這裡運用了很多以動物延伸的詞彙，用以說明動物在人類語言中亦有密不可分的關係，例如 weasel out 的 weasel 是黃鼠狼、outfox 的 fox 是狐狸、fishy 的 fish 是魚、horse around 的 horse 是馬、get one's goat 的 goat 是山羊、eat crow 的 crow 是烏鴉。

靈性世界與守護靈

靈性世界與我們的物質世界並存，只是屬於另一個維度空間，在那裡充滿著非物質的生物，亦稱為靈。靈性世界不在天空中、也沒有和我們的世界切割，它從古至今一直都存在，可以隨時進入。只要有足夠的意願、抱持著開放的態度，你就能接觸這些存在於這個空間裡的生物，而自身的覺察與意識便是接觸靈性世界的媒介。

在這個稱為靈性世界的非物質現實中，你會看到自己的祖先、大天使、得道高僧、宗教人物、已故親人、仙人，以及我們所要認識的動物靈。這些生物都來自於上帝、偉大精神、生命起源或是任何你對創世力量的稱呼，祂們與我們、甚至是物質世界中的一切，都沒有什麼不同，物質世界的東西只是密度比較大而已，人也因此較能藉由一般的感官去感受物質。然而，一個人若想要進入另一個維度空間，就需要擁有更大的接收力、高度集中的覺察力，以及能夠承載此空間生物的意識。

守護靈亦稱為輔助靈或守護神，祂們是在人生中給予我們正向協助的靈體。我們可以召喚守護靈，尋求指引、保護、療癒、鼓勵、啟發等協助。有些守護靈自小就陪伴著我們，有些則出現在生命的不同階段，幫助我們度過艱難的人生轉折。我們可能可以看見祂們、聽到祂們、感應到祂們，或者只是知道祂們陪在身旁。人的一生中可以擁有很多守護靈，不論我們有沒有意識到祂們的存在。守護靈希望幫助我們獲得更平靜、更和諧、更美滿的人生，但是，祂們不會干涉我們的自由意志，不論我們何時召喚守護靈，祂們都很樂意、也很願意提供協助。

動物作爲守護靈

對於那些以動物形式教導我們、指引我們、賦予我們力量並幫助我們療癒自己的動物靈，我們稱之為動物守護靈。在薩滿或原住民文化中，這些動物靈可能是圖騰動物或力量動物，雖然稱法經常互換使用，但是在含義上，這兩者仍有些微差異。

圖騰動物有兩個含義，首先，圖騰動物通常為一個家族、氏族或群體所共有，在許多原住民文化中，你出生的家族通常會有一個共同的圖騰動物。在現代社會，許多團體也會有共同的圖騰，像是球隊或俱樂部的吉祥物。圖騰動物的第二個含義是某個動物的代表物品，像是我先前提到的、放在我電腦前的陸龜、貓頭鷹、浣熊、鷹的玻璃雕像。我們也常會給孩子們圖騰動物來安撫他們，像是泰迪熊或邦妮兔。

力量動物源於薩滿教，他們是薩滿師或薩滿實踐者在進行薩滿儀式一開始，就專門擁有的動物守護靈。在薩滿旅行中，這類力量動物會與薩滿師一路相伴。薩滿旅行是一種具覺察性質的意識轉換狀態，薩滿師會將自身靈魂或意識送入非尋常的現實中（薩滿教對靈性世界的稱呼），用以接收那個世界所提供的教導、指引、療癒。然而，就算你不是薩滿師或薩滿實踐者，也可以與力量動物建立關係，祂們可能會出現在你的冥想、幻想、夢境或者薩滿旅行之中。在這種非常個人且特定的關係中，你吸引到的力量動物所代表的性格與特徵，通常也反應了你自身的性格與特徵。

雖然這個星球上的所有生物都可以是動物守護靈，但在一些傳統文化裡，馴養的動物無法成為力量動物，因為他們已經失去大部分的野性，也已不再活在自然世界之中。同樣地，因為昆蟲的大小和天性，有些傳統文化也將之排除在力量動物的範圍之外。

然而，在本書中，我依舊納入一些馴養動物以及昆蟲，例如蝴蝶與蜻蜓，我甚至放入了龍與獨角獸這兩個神話動物，用以說明與祂們一起服務的動物守護靈。

想要體驗動物守護靈帶來的美好價值，你不需要成為薩滿師，也不用對薩滿教有興趣，更不需要與任何原住民文化有關，而且，在大多數情況下，你甚至不需要知道這個動物守護靈到底是圖騰動物還是力量動物。相反地，你只要把這些美好的生物當做我們的精神盟友，相信他們會對願意接受協助的人伸出援手，只要聽見真誠的呼喚，祂們必會回應。

動物以實體或象徵等方式存在於地球的每個社會與文化之中，這就是我們與動物守護靈合作最大的好處之一。由於祂們在第三度空間現實中擁有豐富的代表意義，所以祂們會一直存在於我們的意識之中。根據祂們在物質世界出現的方式或形式，不論是實體還是象徵意義，祂們的現身就能代表該動物的動物靈。

當某個動物以不尋常或重複的方式出現時，該動物便不能當做單一動物來看，而是代表著整個物種的動物靈。舉例來說，在空中飛來飛去盤旋幾秒然後突然衝向你的蜂鳥，並不只是一隻蜂鳥，而是帶著所有蜂鳥本質意義的動物靈，所以，我們在英文書寫時會用大寫H來代表**蜂鳥**（Hummingbird）。也因此，談論動物守護靈時，我會省去「一隻」或「一個」動物的說法，用以識別和尊重該動物守護靈。同樣地，拜訪我多次的鷹不只是一隻鷹，在那些事件中，他代表了所有鷹的本質意義，因此，他是**鷹**。

這些動物靈除了給予我們多方面的協助，還產生了一項正面影響：讓我們更深入地欣賞與認識所有動物的魔法與奧祕，不論是天上飛的、水裡游的，還是地上爬的。在這顆美麗而壯闊的星球上，每一個生物在他的生命網絡都占有一席之地，隨著你著手開發自己的意識與覺察力，你將會提升自己與所有動物手足之間的關係。

來自動物守護靈的訊息

當某個動物或其象徵符號以不尋常的方式顯現、或是重複（短時間內至少三次）出現在你面前，該動物絕對是在向你傳達靈性世界的訊息。在假期期間拜訪我的那隻鷹，就做到了以上兩點。他在短時間內出現三次，其中一次，還以非常不尋常方式到來，直接飛進我的辦公室。儘管我當時對朵琳開了一個玩笑，但是很明顯地，那是衝著我來的訊息，特別是鷹本身就是代表目標一致且堅持不懈的動物守護靈。

另一個例子是我朋友美樂蒂（Melody）的經歷，她在父親過世後去了一處海灘，那裡有她父親生前最喜歡的餐廳。當時，有一隻海豚不尋常地在離岸很近的水中嬉戲。當她在海灘上行走時，那隻海豚一路跟著她游了好幾公尺，後來才游向較遠的海中，回到自己的群體裡。那次經歷便是海豚帶給美樂蒂的訊息：她的父親在靈性世界過得很好。她因此覺得非常安心，內心感受到溫暖的寬慰。

我朋友提姆（Tim）與他的太太貝絲（Beth）也有類似的例子。不到一年前，他們正著手舉家搬遷至一座新的城市，提姆因而相當焦慮，甚至開始失眠而且體重減輕。一天晚上，一隻浣熊突然出現在他家後院，面對這樣的景象，他決定去翻閱我的《力量動物》找尋浣熊出現的意義，發現原來浣熊指的是資源豐富。在當下，提姆就明白了他其實早就擁有這場搬遷所需的一切資源，內外資源皆然，因而他也放鬆了許多。現在，他與太太在新家過得非常順利。

我很幸運能擁有很多類似的經驗，也聽過許多人分享他們與動物守護靈的美妙經歷，不論該動物靈是以實體還是象徵的形式出現。所謂重複出現的象徵形式，可能是在你做了一場清晰生動、與熊有關的夢之後，隔天去超市不小心聽到兩位陌生人正在談論熊，然後，當天晚上你打開電視，馬上又出現有關棕熊的節目，這樣的經驗就可算是在短時間內目擊了三次動物守護靈。我們多數人都居住在城市，基本上不可能碰到真正的熊或者接觸野生動物，因此，該動物靈便必須用其他方式讓我們明白祂的訊息。

從守護靈那裡獲得訊息的途徑

你可藉由四種途徑獲得靈性世界的訊息：視覺、聽覺、感應、認知。當你逐漸開啟並開發自身對靈性維度空間的接受力，你就會對其中一種途徑擁有最強烈的感覺，並且認為這個方式最自然。除了感覺最強烈的途徑之外，在你熟悉之後，也可以嘗試使用感覺第二強烈的途徑。只要你愈常練習、愈常調頻至靈性世界，你愈能開發出其他途徑來接收訊息。然而最重要的，就是對接收訊息這件事抱持著強烈的意圖與意願，讓自己維持開放的狀態，然後，守護靈通常就會以你最意想不到的方式出現。

以下為這四種途徑的描述：

1. 視覺：當你看見海豚在岸邊幾公尺外或是烏鴉停降在幾英呎外，你內心知道，這些都是專屬於你且異於尋常的拜訪，這便是動物守護靈以視覺的管道出現在你面前。另一種是遙視（clairvoyance），你用心靈的雙眼看見位在非物質世界的動物守護靈，這形象也可能是某種幻影，像是熊或神話動物龍的樣子，也可以是你在夢中清晰地見到一匹狼。

2. 聽覺：你在心中聽見動物守護靈給你某些建議，或是環境周遭的聲音讓你想起某個動物守護靈。另一個方式是你不小心聽到一段對話，或是聽到某人說話的內容，接著就直覺地知道那是來自某個動物靈的訊息。聽見靈的溝通需要遙聽（clairaudience），以這種方式出現的訊息通常都是簡短而直接，不會有多餘的冗詞。

3. 感應：你能感覺或感應到某些事物，甚至就是一種很直接的直覺。你可以依稀覺察到你的動物守護靈或力量動物就在身旁，感覺到祂們想要跟你交流的內容，這便是遙感（clairsentience）。

4. 認知：這是通過思想過程所體認到的「知道」，也可說是一種靈感或洞察力。如果你主要靠這個途徑接受訊息，你的動物守護靈便是以某種思想模式來跟你溝通，也就是遙知（claircognizance）。這些人通常不知道自己是怎麼「知道」的，如果你問他們，他們只會說「就是知道」。

所以，除非你已經知道你與靈性世界溝通的主要途徑為何，不然的話，未來幾天，你只需觀察自己平常是依照什麼方式在生活中做出選擇。你對於居住地點最大的考量是什麼？你平常的購物方式是什麼？當你開始觀察自己，就會漸漸注意到自己與靈性世界連結的主要途徑。你有在尋找或者看見你的動物守護靈或其他動物靈嗎？你有聽見祂們的聲音嗎？你有感覺到祂們嗎？還是說，對你而言，這一切比較像一種深思過、具洞察力的思考過程？記住自己與靈性世界溝通最主要的途徑，多加練習，你就會愈來愈信任自己從動物守護靈身上獲得的訊息。

解讀與了解動物守護靈的訊息

如同我前面所指出的，如果有一隻動物在現實生活中以不尋常的方式、或在不尋常的時間出現在你面前，例如一隻鴿子停在兩英呎外的陽台上、一隻浣熊走進你家後院；又或者，你正漫步於林中，一隻狐狸突然從你前方跑過，這些絕對都是該動物守護靈的顯示。鴿子可能在提醒你保持冷靜，浣熊想讓你知道你已擁有所需的一切，狐狸則是要你辨別出值得信任的人。如果你連續三個早上都在窗外的樹上看見一隻烏鴉，而且，這種事在此之前從來沒有發生過，那這可能意味著你之後還會看見更多魔法。如果你反覆看見蜂鳥，這表示你需要為生活增添更多的喜悅與甜蜜。

動物守護靈既會以隱晦或朦朧的方式教導你，也會以那種一記敲在眉心的明確方式給你意見。不過，只要你對訊息還有不清楚的地方，或者是還想知道更多，你還可以從其他方式進行更深入的認識。其中一種就是在本書或《力量動物》中尋找該動物的資訊，然後根據當時拜訪的情境，找出最有可能的解釋。我在本書〈附錄〉中，也列舉了相關的書籍與網站以及有動物訊息的相關資訊內容，這些都可以讓你更加了解訊息的意義。

不過，最實用也最直接的方式，就是與該動物的動物靈直接溝通。當你知道自己在接收動物守護靈的訊息之後，首先要做的就是閉上自己的眼睛（除非你正在開車），想像那位動物守護靈就在你面前，然後在內心提問：「祢想要我知道什麼？」接著，深呼吸，放鬆身體，看看你會得到哪些影像或資訊——不論獲取的途徑是視覺、聽覺、感應還是認知。這麼做之後，你通常就會突然地「了解」這次拜訪的意義；未來幾天，你也可以在內心不斷反覆思考這次的經歷，或許還會因此有更多的發現。如果你知道如何進行薩滿旅行，你也可藉此了解動物守護靈的訊息。等到練習解讀訊息的次數愈來愈多，你就會發現這個過程對你而言也就愈來愈容易。

〈附錄〉附上我設計的引導式冥想：「來自動物守護靈的訊息」（亦有CD版本），你可以利用這個冥想方式去拜訪動物守護靈，不論你是在夢中還是清醒時刻見到守護靈，或是在冥想過程中有守護靈想要與你溝通，你都可以嘗試這個方法。當然，如果你有任何問題想詢問動物守護靈，也可以用冥想的方式來獲取建議。除了從書中或其他資源裡尋找答案之外，我建議你多練習上述這類方法，直接與你的動物守護靈溝通，這些美好的生物會以各式各樣的方式來幫助與教導我們。

本書編排說明

本書分成〈第1章〉、〈第2章〉和〈附錄〉三部分。〈第1章〉列出世界上兩百多種動物以及該動物的照片，不過這裡並沒有任何詳述該動物習性或外觀的內容，因為這並非本書著重的範疇，你很容易能透過其他管道獲得數以百計的詳細資訊。如果有興趣，我非常鼓勵你進行更多與動物相關的深入研究。

在〈第1章〉中，每個動物都會涵蓋以下三部分的內容：

1.「動物守護靈」出現的意義

如果守護靈出現在你面前，你可先查閱這裡的內容，這裡綜合了我過去與該動物守護靈溝通互動以及從其他資源管道所獲取的訊息。這裡的內容可能有一項或多項與你自身相關，在閱讀的過程中，你會很自然地分辨出哪些訊息對你最重要。

2. 召喚「動物守護靈」的時機

這裡會列出一些該動物守護靈能幫助你的條件或情況，你可以利用祈禱、冥想、默觀或薩滿旅行等方式，來召喚動物守護靈。

3. 如果「動物守護靈」是你的力量動物

如果你已經確定該動物守護靈就是你的力量動物，這裡的內容能讓你更加了解自己，並解釋力量動物反映你身上的性格與特徵。如果你主要的動物守護靈也是你的圖騰動物，一樣可以參照這裡的敘述。

在某些情況中，一隻動物可能會有兩個以上的名字，如果碰到這樣的狀況，你會看到有不同的動物名稱並列，第一順位表示該動物的主要名稱。同一動物不同類型也會有單獨的篇幅介紹（例如**倉鴞**或**大角鴞**），這兩種貓頭鷹不只有自己的說明，還有「**貓頭鷹**」的說明可以參考，例如：「**倉鴞**」（可參考**貓頭鷹**）。同樣地，你在泛指同一種類動物的篇章內（如**貓頭鷹**），也可能因為某些內容而推薦你去閱讀更為特定的動物說明。

〈第 2 章〉列出可召喚的動物守護靈，你可依據自身所需狀況向守護靈求助。像是決定要信任哪一個人、如何面對批評，或者是你想要支持或加強的特質，例如清楚的溝通、顯示夢境等等。這裡的主題以中文筆劃順序排列，便於搜尋相關需求，大部分的選項內都有多個動物守護靈可供選擇，你可依據最合適自身需求的動物守護靈擇一進行詢問。

〈附錄〉亦提供引導式的冥想旅程，你可藉此方式與動物守護靈直接溝通。同時，這裡亦列出一系列包括書籍、網站、DVD 等相關資源，讓你能更認識動物、更明瞭各個動物守護靈的意義。

如何使用本書

有很多方式可以使用本書，第一種就是你看見某隻動物，或是覺得該動物想要傳遞訊息給你的時候。如果是這樣，請翻閱〈第 1 章〉找到該動物，然後閱讀其中可能要傳達的意義。過程中，請注意哪些內容是直接跳到眼前，讓你覺得最有關連的。等找到直覺最有幫助的訊息之後，再去閱讀其他內容，像是遇到哪些情況可以召喚該動物守護靈，或是作為力量動物時，該動物所反映的人格特質。這些地方會提供更多資訊，幫助你更加了解該動物守護靈想要向你傳達的訊息。

另一個方式是把本書當做一種占卜工具：首先閉上雙眼，接著，深呼吸、讓身體放鬆，然後想著你的問題，並且清楚地在心中提出問題。接著，反覆翻著〈第 1 章〉的頁面，直到你想停止為止。不論停在哪個動物，請先念出頁面上所提供的訊息，再看看這些內容是否有回應你的問題。當然，你也可搭配其他預言工具一起使用，例如《力量動物神諭卡》（*Power Animal Oracle Cards*，書名暫譯）。

如果你知道自己的力量動物是什麼，或者說你認為已經知道了，你可在〈第 1 章〉內找到該動物，閱讀所有內容，尤其是提到力量動物反映你自身性格的那個部分，而且，在閱讀過程中，你可能也會發現一些額外的資訊或訊息。

在〈第 2 章〉，你可以先從列表查詢想要詢問的情況，並決定要召喚哪位守護靈。除了想要處理的情況，你也可以請動物守護靈幫你提升或引導出某種個人特質，列表裡一樣有提供。通常一個主題都會有多位守護靈可供選擇，你只要依照直覺找出最適合自己的就可以了。決定好要召喚的守護靈之後，你可以回到〈第

1 章〉交叉搜尋該動物的訊息，獲得更多的資訊與靈感。

召喚動物守護靈只需真摯的意願與開放的態度，只要你真心願意接收祂們的協助與引導，祂們就會出現，不論是經由祈禱、冥想、默觀或是薩滿旅行，都可以達成。你或許不會馬上得到回應（這其實也蠻常發生的），但你可以在提出邀請之後，觀察一陣子，通常在發出請求後，動物守護靈給予的協助都會以你意想不到的資源與方式出現。

如果想要更加認識你的動物守護靈或力量動物，你可利用〈附錄〉中的「參考資源」，這裡有關於動物王國豐富的資料。愈深入了解動物靈，你所研究和取得的額外資訊就愈有用，在對動物守護靈的習性與特徵都愈來愈熟悉之後，不論在現實生活還是靈性世界之中，你都會與祂們愈來愈親密。

向你的動物守護靈與力量動物表達感謝

靈性世界、特別是動物靈，會滿懷善意地看著你為動物手足所做的一切。善用每個機會，以祝禱的方式在內心表達對祂們的感謝，就是一種微小而強大的感激方式。付出你的時間、精力、與／或金錢，幫助聲譽良好、與你道德價值觀一致的動物福利或環保團體，也是直接回饋動物的方式。遇到動物手足受到虐待，以任何自身可行的方式介入，亦是很好的行動。

如果你受到某種引導或感召，決定放棄使用動物製產品、選擇蔬食或純素飲食，這也是在向動物表達感激。然而，如果你持續使用動物製品，請保持著感激之心，感謝該動物犧牲自己的生命來成就你的生命，並誠心祈禱祂們的靈魂順利地進入靈性世界。如果你有食用肉類，在吃下動物的身體之前，請在祈禱中表達對該動物的感激，並盡量確保這些動物在付出生命來維持我們的生命之前，能夠受到合理且公平的對待。

向動物表達感謝是件簡單的事，只要你確切地意識到他們每天為我們的生命付出了多麼偉大的貢獻，這便是對祂們表達感激、向祂們致敬最簡單的方式。

第 1 章

◆ 動物守護靈指南 ◆

001 土豚 Aardvark

土豚出現的意義

- 相信你的直覺，用本能與感官去「嗅出」什麼是正確的，以及什麼不是。
- 在展開一場新計畫或一段新關係之前，最好慢下腳步並且謹慎小心，直到你覺得可以安全地繼續前進。
- 現在不適合開始新的社交關係，比較適合安靜獨處。
- 看見表象之下的事物，挖掘被隱藏的真相。
- 無論你在進行何種計畫或創造性的工作，晚上會是最有效率的時段。

召喚土豚的時機

- 你陷入虛假的情境或他人的謊言，無法辨別真相。
- 你正在嘗試挖掘一些重要的訊息，以解決你所遇到的問題。
- 你被指派去調查與你工作或身分相關的特殊事情，而且必須盡快獲得最相關的訊息。
- 你必須立刻找出近期某個事件或問題的真相。

如果土豚是你的力量動物

- 你是夜貓子，夜晚才是你最有能量的時刻。
- 你喜歡獨處，只會偶爾尋求他人的陪伴。
- 你喜歡鑽研任何感興趣的主題，並深入研究。
- 第一次與別人見面的時候，你會非常謹慎而且有點怕生；不過，一旦你感到自在，就會向對方敞開心扉。
- 你不會在任何一個地方長時間安頓下來，反而比較喜歡經常四處遷移。

002 信天翁 Albatross

信天翁出現的意義

- 無論你的靈性或情緒成長之路遇到什麼阻礙，現在都已經排除了。
- 你即將經歷人生中一場混亂的時期，但你會順利飛越它，等到達另一端時，你會變得更加強壯，擁有更好的適應力。
- 你會在沒有明確目標或方向的情況下猶豫不決，然而，這也是促使你靈性與個人成長的必經過程。
- 在追求的過程中蜿蜒前行的時候，請對自己有耐心，相信自己會在下一片風景中找到所尋之物。

召喚信天翁的時機

- 你正面臨生命中某個繁重的工作或時期，需要處理一些不愉快的事情。
- 你只是想要旅行或出去做些冒險的事，而且不一定有特定的目的地。
- 別人正在對你施壓，希望你的生活穩定或有所目標，但在你內心深處，你知道自己還沒準備好。

- 你覺得自己被所有的責任與義務壓得喘不過氣，想要打破這些困住你的常規。

如果信天翁是你的力量動物

- 你在進行長期計畫的時候，擁有很長的續航力。
- 你的復原能力很強，所以很快就能從任何困境中恢復過來。
- 你似乎永遠都在尋找，儘管你並非總是確定自己在找尋什麼。
- 隨著你的成長，你愈來愈清楚知道自己人生的目的、目標和方向，即便內容可能時不時地有所改變。
- 如果你想獲得成功，你必須一直進行與藝術相關、具創造性的追求。

003 短吻鱷／鱷魚
Alligator / Crocodile

短吻鱷出現的意義

- 慢慢消化你現在正在學習的東西，而不是急於追求更多知識或獲得更多資訊。
- 你需要好好保護個人領域，並且堅持設定界限。
- 你正從生命中一段黑暗的時刻走出來，現在便是全新的開始。
- 在做出任何評斷、決定或採取行動之前，務必蒐集一切事實證據，並從各個面向檢視當下情況。
- 現在是緬懷祖先的重要時刻，無論你想以何種方式進行。

召喚短吻鱷的時機

- 有人向你透露了非常私人的事情，而且你需要為其保密。
- 很明顯地，你正處於生命中一個循環或一段時期的尾聲，準備邁入新的階段。
- 你違反了自己的道德準則，因而傷害了他人，你真心想為此做出補償。
- 你深受古代的智慧和知識所吸引，你想要深入研究，但不確定該從哪裡開始。

如果短吻鱷是你的力量動物

- 你給人的第一印象似乎有點冷酷，但是一段時間過後，你就能和大家打成一片。
- 你與人交往不多，但當你出現在社交場合，他人總會感受到你強烈的存在。
- 除非有人侵犯你的私領域，否則你一向動作較慢，做事也從容不迫。
- 你很害羞，有點孤癖，處於社交場合時，你傾向不要引起他人的注意。
- 你習慣仔細、慢慢地評估麻煩的情況，只有在滿意自己已掌握一切必要的訊息時，你才會採取行動，而且一旦開始行動就快、狠、準，沒有任何猶豫。

004 蟎蟻 Ant

螞蟻出現的意義

- 是時候該著手進行你一直在思考的計畫，並且決心完成它。
- 向最親密的朋友與家人尋求支持，而不是孤立自己。
- 相信自己會成功實現夢想。
- 對自己、周圍的人以及與你有關的任何工作計畫保持耐心。

召喚螞蟻的時機

- 你正在進行一項讓你相當氣餒的專案，需要動力來完成工作。
- 你負責協調一項多人參與的工作。
- 你讓自己處在高度適應的狀態，總想著取悅別人，但你知道現在正是為自己規劃人生的時候。
- 你因為事情進展沒有想像中那麼快而感到沮喪，而且想要讓自己更有耐心。

如果螞蟻是你的力量動物

- 你是非常嚴謹的人，對於每件事都會仔細審視。
- 參與團體活動時，你一定會全力以赴。
- 做決定的時候，你傾向以每個人的最大利益來評估，而不是只思考自己能得到什麼。
- 你相信宇宙會供給一切，無論是什麼，在你有需要的時候，你所需的一切都會出現在你面前。

005 食蟻獸 Anteater

食蟻獸出現的意義

- 改變你的飲食習慣，將一日三餐改成少量多餐。
- 小心任何「聞起來」怪怪的或不太對勁的東西，如果碰到這類情況，要特別留心。
- 為確保你正在進行的計畫能完成，請務必繼續深入研究並好好向前衝，直到計畫結束。
- 節約使用任何用品和物資，不要浪費或超出自己所需。
- 如果你感到害怕，請雙腳挺直，兩眼直視前方，並進行幾次緩慢的深呼吸。

召喚食蟻獸的時機

- 你想要挖掘、深入了解潛藏在表象之下的事物。
- 你必須向正在激怒或威脅你的人，表明自己的立場。
- 你正碰到與螞蟻或白蟻有關的問題，即使你已尋求其他解決方法。
- 你想要從容地漫步在這條路上，欣賞路邊風光。

如果食蟻獸是你的力量動物

- 雖然你不喜歡在一個地方待太久、喜歡四處閒逛，但是當你安頓下來的時候，你會非常保護自己的個人領域。
- 注意自己的食量，正常吃飽後就不要再吃了。
- 你屬於比較獨立的人，大多數時間喜歡單獨行動。
- 白天你容易因為感受到人群的壓迫而喘不過氣，所以比較習慣在人少的夜間工作。
- 你大部分時間的步調都很緩慢，不過在有需要的時候，你的步調就會加快很多。

006 羚羊／叉角羚 Antelope / Pronghorn

可參考 P.164 瞪羚、P.174 牛羚、P.216 高角羚

羚羊出現的意義

- 小心周遭強烈且帶有侵略性的能量，如果你發現自己身處其中，請想像自己被一團金色的光圍繞，讓自己在精神上與它隔離。
- 留意新機會的出現，並且善加利用。
- 無論你心裡想做什麼，請明確而堅定地開始進行，並且充滿熱情與幹勁。
- 不管你在進行什麼事，請貫徹到底，而且要盡快完成。
- 你花太多時間獨處了，應該要與朋友多相處。

召喚羚羊的時機

- 你覺得自己不太想動，無精打采，需要能量讓自己重新充滿活力。
- 你發現有些東西「不太對勁」，想知道到底發生了什麼事。
- 你覺得自己正在努力的事情受到阻礙或陷入困境，需要採取行動才能讓事情有所進展。
- 你正開始一項新的計畫或工作，或正要邁入人生的新階段。
- 你不確定周遭環境到底發生了什麼事，需要很專心而且保持警

覺，才能完全釐清這一切。

如果羚羊是你的力量動物

- 你機智敏捷，可以迅速做出決定，所以你能很有效率地處理自己碰到的任何情況。
- 你對超自然的事物比較敏感，直覺力強，擁有遙視和遙感的天賦。
- 你的適應能力很好，隨遇而安，在任何環境都能生存。
- 雖然個性害羞，但你不喜歡長時間獨處，你會尋找讓自己感覺安心與自在的朋友，與他們共處、相伴。
- 你的判斷通常都很合理，而且相信你採取的行動一定會成功。

007 犰狳 Armadillo

犰狳出現的意義

- 面對讓你感到有侵略性的人，你要與他們建立明確的界限。
- 現在是該撤退的時刻，而不是想要取得進展或馬上轉變情勢的時候。
- 你目前碰到了一個狀況，必須更深入挖掘，才能找出潛藏的欺騙或含糊其詞的行為。
- 目前最重要的是辨別誰值得信任，尤其是在特別敏感或非常個人的問題上。
- 除了明確向他人說明你「不要」什麼，更重要的是要讓他們知道你「要」什麼。

召喚犰狳的時機

- 你需要額外的情感或心理保護，讓自己免於不必要的騷擾與批評。
- 為了感到安全，逃跑是你的最佳選擇。
- 你需要去分辨什麼是安全、什麼是不安全的。
- 你覺得自己對於別人的狀態或感覺過於敏感、反應過度。對於他人過度責備的狀態，甚至讓你無法分辨這些情緒是來自自己還是他人。

如果犰狳是你的力量動物

- 儘管你的外表看似堅強，實際上你非常敏感、內心柔軟。
- 你很隨和而且生活步調比他人緩慢，但受到威脅的時候，你會退縮或者迅速撤退。
- 你喜歡待在幕後，不喜歡被看見，而且盡量避免成為焦點。
- 你擁有挖掘別人內心隱藏的祕密和動機的特殊才華。
- 你總是小心翼翼，不輕易暴露你的弱點，而且將它們保護、隱藏得很好。

008 狒狒 Baboon

狒狒出現的意義

- 你處於一種強烈的精神狀態之中，你必須讓自己回來，回到自己的身體裡。
- 你的家人目前需要你的關注與陪伴。
- 原本你以為的愚蠢錯誤，會在此時成為重要的一課。
- 你要保護好最近創作的東西，而且只跟你完全信任的人分享。
- 你可以嘗試在家裡建立一個神聖的空間，就只是在正常動線以外的小地方，建立你的聖壇。

召喚狒狒的時機

- 你覺得自己精神恍惚、支離破碎，必須好好振作起來。
- 你做了讓自己感到後悔的事，想要弄清楚自己為何這麼做，也希望從這個經驗中記取教訓。
- 你正負責照顧自己或別人的小孩。
- 你想要在家中或附近為自己找一個避風港或藏身處。
- 家中成員捲入爭吵或衝突，你希望大家能夠平心靜氣的和諧互動。

如果狒狒是你的力量動物

- 你非常重視家庭，對家人有堅定的承諾與強烈的保護欲。
- 你善於解決出現在家庭或好友間的任何問題或衝突。
- 你很溫柔親切，喜歡擁抱和親吻身邊親近的人，藉此展現你對他們的愛與關懷。
- 雖然別人可能看不太出來，但其實你很有智慧，對古老的奧祕有深入的理解與連結。

009 獾 Badger

獾出現的意義

- 你必須堅持下去，無論如何都要把你的計畫完成。
- 你願意強悍地捍衛你的信念和原則，直面任何挑戰與批評。
- 你必須戒掉拖延症和逃避心態，去做自己該做的事。
- 不要再依賴他人，別再因為別人無法提供協助而對他們發脾氣，你要相信自己有能力可以獨立完成一切。
- 將你的憤怒和激進轉化成有建設性的行動，而不是猛烈地抨擊他人。

召喚獾的時機

- 你有一個長期目標，但是想要放棄它。
- 你覺得自己受到騷擾和虐待，想為自己挺身而出。
- 你不確定是否要繼續推進某些專案。
- 你晉升新的職位，責任因而加重，需要額外的支持來完成新的任務。
- 你需要治療身體，但不願意嘗試傳統療法。

如果獾是你的力量動物

- 你很有毅力，而且願意為了完成自己想要做的事而堅持下去。
- 你不喜歡衝突，但如果被逼到走投無路，必要的時候，你還是會反擊。
- 你會使用另類或非傳統療法，是名很厲害、很有效的療癒者。
- 有時你會板著臉孔，來掩飾內在的自我懷疑或膽怯。
- 你很會說故事、極具魅力，而且擁有許多能啟發人心的故事。

010 倉鴞 Barn Owl

可參考 P.300 貓頭鷹

倉鴞出現的意義

- 人生如此短暫，請好好珍惜每一天，並且充分運用。
- 打開心胸，不要讓恐懼阻礙你表達對他人的愛意。
- 進行一場家中環境的清掃、淨化與祝福，包含一場儀式，用以釋放在空間中迷失的靈體，使其前往該去的地方。
- 遠離平時的喧囂，找個安靜的地方待上幾個小時或幾天。
- 你正在進入人生中一個豐盛的階段，只要稍微努力就可以滿足你的需求。
- 在這個時期，所有你正在做的事，都需要很大的彈性及創造力。
- 不論何時需要幫助，你都可以召喚祖先的靈，只要誠心誠意，祂們都會幫助你。

召喚倉鴞的時機

- 你被一堆噪音淹沒，需要休息。
- 你覺得自己的情緒和心智已經失去平衡。
- 你覺得自己的資源已經不夠了。
- 你懷疑在家裡或工作場所出現不該存在的靈體。

如果倉鴞是你的力量動物

- 你很聰明，對於想要學習的事都能很快上手。
- 你擁有遙聽的天賦，能夠聽到來自靈性世界的訊息。
- 你的聽覺非常敏銳，可以聽到環境中別人沒聽到的聲音。
- 你很容易跟祖先的靈魂連結，尤其是透過聽覺。
- 即便在資源明顯匱乏的時刻，你依然能找到足以支持自己的資源。

011 橫斑林鴞
Barred Owl

可參考 P.300 貓頭鷹

橫斑林鴞出現的意義

- 你可以透過聲音表達自己，無論是唱歌、哼唱、吟誦等方式。
- 無論你正面對多大的風暴，盡量讓自己保持平和與冷靜。
- 去森林或樹叢間走走，並留意你所聽見的聲音。
- 在任何關係中都要表現出合作的態度，而不是競爭或敵對的狀態。

召喚橫斑林鴞的時機

- 你覺得喉嚨不舒服或難以發出聲音。
- 你對表演或任何需要用到聲音的工作都感到相當有興趣。
- 你正在跟一個競爭心很強的人相處。
- 你想要建立自信，但不想變得過於傲慢、自以為是。

如果橫斑林鴞是你的力量動物

- 你很慷慨大方，樂意分享你擁有的所有東西。
- 你很有魅力也很活潑、很好相處，幾乎所有跟你接觸過的人都喜歡你。
- 你很擅長表演，可以輕鬆地轉換角色，會用自己的聲音模仿一些表情與音效。
- 就算面對不是很在意的人，你也可以很有禮貌地與對方和睦相處。

012 蝙蝠 Bat

蝙蝠出現的意義

- 改掉那些對你不再有好處的習慣和依附關係，去迎接早該面對的改變。
- 現在所面臨的磨難是轉變的必經之路，讓你得以迎接更以靈性為導向的人生。
- 面對並克服你的恐懼，相信現在所做的，能為你帶來戲劇性的美好改變。
- 多充實社交生活，像是參加一些你喜歡的課程或活動。

召喚蝙蝠的時機

- 你正處於過渡期，過往的生活差不多來到尾聲，新的人生正要展開。
- 你已經孤立自己太久了，需要多與他人接觸。
- 你感覺焦慮與恐懼，卻不知道自己為何害怕，以及在害怕什麼。
- 你發現自己做了很特別的夢或看見很特別的影像，但你無法理解它們的含義。
- 你深受薩滿活動的吸引。

如果蝙蝠是你的力量動物

- 你跟人相處時總是生氣勃勃，喜歡團體生活勝過獨自一人。
- 你能看見別人想隱藏的事物，聽見他們沒有說出口的話語。
- 你在靈性追求的道路上，歷經了一連串困難的嘗試，如今你已成為一名有預視能力的薩滿。
- 你能夠看得更遠，看見大方向的整體情況，發現潛在的限制，甚至是被別人忽略的可能性。

013 熊 Bear

可參考 P.316 北極熊

熊出現的意義

- 即便遭受壓力，你也要建立明確的界限，絕不妥協。
- 去追求你想要的東西，無論你覺得是否會成功。
- 去進行心中所想的創意計畫。
- 從你平日的活動中，撥出一點時間讓自己獨處。
- 你可能需要身體或情緒上的療癒。
- 溫柔一點，並對親近的人展現你的愛意。
- 如果你想要得到問題的答案，你要做的是向內看、面對自己的內心，而不是向外尋求他人或書籍的協助。

── 如果是黑熊（Black Bear）

- 現在是冥想與自省的重要時刻。
- 利用一些休息時段來平衡你的工作。
- 別忘記玩樂。

── 如果是棕熊（Brown Bear）、北美大灰熊（Grizzly Bear）

- 無論如何都要腳踏實地。
- 現在是你實現夢想和計畫的時候。
- 相信自己的直覺，這很重要。
- 你已經躲夠了，該出來面對世界了。
- 不要只是等待事情發生，現在立刻採取行動！

召喚熊的時機

- 你需要身體或情緒上的療癒。
- 你想要累積力量與勇氣來面對逆境。
- 你需要身體、情緒、心理上的保護。
- 你需要勇氣來積極追求你的目標。
- 你被捲入一個狀況，要相當堅定才能維持自己的尊嚴與操守。

如果熊是你的力量動物

- 你很堅定、有自信，具有強烈的存在感。
- 不論是著重於身體、情緒還是精神上的療癒，你都是很有力量的療癒者。
- 你需要閉關一段時間來啟發自己的創意，而且在這段時間裡，通常還會產生新的想法和計畫。
- 冬天絕對是你需要安靜與獨處的時期，而春天則是你伺機行動的時候。
- 你十分獨立，傾向獨自完成工作而非向他人尋求幫助。
- 你不會被逆境擊敗。

014 河狸 Beaver

河狸出現的意義

- 你要開始進行有意義且有目標的活動，而不是還在考慮或拖延你的決定。
- 記得休息，增加與家人朋友相處的時間，好讓自己的生活得到平衡。
- 特別注意不要浪費時間、精力和資源在不重要的事情上。
- 不要為忙而忙，讓自己做的事情有目標、有重心。
- 你可以開始改造自己周遭的環境，使它成為讓你感到更安全和舒適的空間。

召喚河狸的時機

- 你有工作要完成，而且必須立刻開始進行，直到處理結束為止。
- 你想要將你的想法和夢想落實到現實世界。
- 你想要擺脫困住自己的情境或關係。
- 你想要解決和伴侶、朋友、同事之間的衝突。
- 你已經準備好要清理家中或工作環境中堆放的雜物。
- 你想要完成一項進度被耽擱的專案。

如果河狸是你的力量動物

- 你是「行動派」，願意用一切方法讓工作完成。
- 你在團隊中的工作表現比較好，而且你也喜歡和他人一起工作。
- 你是個機智、條理分明、容易專注的人。
- 你對朋友很忠誠，而且往往能持續一輩子的友誼。
- 你真誠地對待每一個人。
- 無論這項任務會經歷多少困難，你都會堅持到底，直到完成為止。

015 蜜蜂 Bee

蜜蜂出現的意義

- 對於那些想要執行與發展的想法，此刻你便該開始有系統地組織並著手進行。
- 用堅定的承諾、勤奮、付出來開展你的計畫，你的成功將會完全超乎想像。
- 讓許多人共同合作參與一項能振奮人心的事業，而且所有參與者都能從中受益——如果可以的話，讓這項事業涵蓋整個社區。
- 好好領會與享受生命中的甜美。
- 不論是身體上還是創造力上，現在都是豐產的時刻，正是讓想法付諸實現的時候。
- 現在是你非常有生產力的時期，所以，繼續你正在做的事，未來會有不錯的結果。

召喚蜜蜂的時機

- 你面臨了一個相當需要社交技巧的處境，特別是在待人處事及交際應對方面。
- 你現在從事的計畫，需要很大的堅持與毅力才能完成。
- 你需要去分類與清理很多紊亂的東西，才能讓事情變得有條理。
- 你處於需擔負責任的位置，你要激勵所有人在這項工作中互相合作。

如果蜜蜂是你的力量動物

- 無論從事什麼事情，你都相當勤奮、專注、堅定。
- 你想做的任何事，幾乎都可以達成。
- 你不容易被激怒，但是當你真的生氣時，小心別讓自己的言辭刺傷別人。
- 你對別人有很大的影響力，如果你給予他人充滿愛的關注，對方會心花怒放，並且對你敞開心房。
- 雖然你自己一個人就能把事情做好，但是當你跟別人合作時，也會竭盡全力，做到最好。

016 白鯨 Beluga

可參考 P.414 鯨

白鯨出現的意義

- 你會感受到愈來愈多與靈性有關的事物，而這些接觸也會愈來愈清晰，尤其是透過聽覺。
- 讓你的想像力在未知的領域漫遊，你會因此有股衝動，想要去做某些特別且富有創意的事情。
- 雖然你比較享受深度的對話，但有時候也不妨試試輕鬆、淺白的普通談笑。
- 你現在不該一個人把事情扛起來，相反地，你應該去尋求朋友或家人的支持和鼓勵。

召喚白鯨的時機

- 你發現自己的創造力卡關、堵住了，想要好好疏通它。
- 最近你感受到靈性的啟示，想理解它的意義。
- 你想要召喚守護靈，請求指引、保護或安慰。
- 你想知道自己在夢什麼，或者想學著做清醒夢（lucid dream）。[4]

4 譯注：在意識清醒時所做的夢。作夢者於睡眠狀態中保持意識清醒，並擁有思考和記憶的能力。

如果白鯨是你的力量動物

- 你非常有想像力，善於把自己腦中所想的轉化成具體的表現。
- 你有聲音的天賦，可以用歌聲或哼唱撫慰人心。
- 你非常善於社交，喜歡身旁的同伴，甚至還很喜歡團體旅行。
- 你是個很有深度的人，而你喜愛嬉鬧且無害的淘氣天性，更把這樣的性格平衡得很好。

017 烏鶇 Blackbird

烏鶇出現的意義

- 釋放所有的壓抑，盡情歌唱！不要在意你唱得如何或他人的否定。
- 大天使烏列爾（Archangel Uriel）[5]與你同在，他正在關注你，要協助你與自然及自然界的靈進行連結。
- 不論你正在經歷身體還是情緒上的疾病，聲音療癒都是最好的治療方式。
- 通往非尋常世界的大門已經打開，呼喚你走上真正的靈性之路，並將提升你對於非物質領域的覺察力。
- 你正處於很幸運的時刻，適合去觀察與留意顯現在你面前的任何徵兆。

召喚烏鶇的時機

- 你覺得自己快要被都市生活壓垮，想要親近大自然。
- 你是個即將上台表演的歌手，希望獲得支持，以便能全力演出。
- 你正在上發聲相關的課程，希望讓自己的聲音表現或歌聲更加進步。
- 一直有人或事在溫柔地推動你去拓展靈性的探索，但你不確定該怎麼做。

5 譯注：大天使烏列爾是猶太教和基督教中的天使長，代表光明與火焰。

如果烏鶇是你的力量動物

- 你有唱歌的天賦，能夠以歌聲或吟唱的方式為他人進行療癒。
- 你在春夏兩季最為活躍、有動力，進入秋冬之後，你的活力會逐漸降低，需要比較多的休息和安靜時刻。
- 大多數時候，你對別人的態度都是喜悅、溫和、和善的，除非他們冒犯到你。
- 你很注重自己的領域，很保護自己的個人空間，你也會認真地決定要和誰、在什麼時候一起分享這個空間。

018 黑寡婦蜘蛛 Black Widow Spider

可參考 P.376 蜘蛛

黑寡婦蜘蛛出現的意義

- 要用新的觀點重新看待自己正在做的事情，甚至是與你平常所思所想完全相反的觀點。
- 現在你的直覺很強，要格外注意並感知身體上的細微變化，而不只是仰賴眼睛所見。
- 你完成了一項困難的工作，現在只需耐心期盼成果的出現。
- 你的人生方向很快會出現極大的轉變，這會為你帶來正面、全新的人生意義。
- 現在是你進行飲食排毒，清除身體內毒素與污染物的好時機。
- 正面且直接地面對所有事物，而不是迴避問題。
- 你原本擔心的事其實是無害的，無須過度害怕。
- 依照你現在所處的狀況，隱身幕後對整體而言比較有益。

召喚黑寡婦蜘蛛的時機

- 你急於看到自己努力的成果。
- 原本進行順利的創意計畫，現在處於窒礙難行的狀態。
- 你的所見與所感完全不一致，你不知道該相信哪一個。

- 你感覺自己的身體、心理、情緒、精神皆處在一個極度不平衡的狀態，希望一切回歸正常。
- 你在一段重要的關係中感到困惑，看不清這段關係。

如果黑寡婦蜘蛛是你的力量動物

- 你善於用不同觀點來看待事物，而不是只從單一角度切入。
- 你很會說故事，不僅善於表達，而且總能編出最有趣的故事情節。
- 你是個很好相處的人，但如果對方激怒你，你會變得很凶悍，可能還會刺傷別人。
- 你對於人生中各種對立面都相當感興趣，不斷地尋求兩極間的平衡，例如死亡／重生、過去／未來、陽性／陰性。
- 雖然你跟大多數人都相處得很好，但你還是比較喜歡獨處。

019 青鳥 Bluebird

青鳥出現的意義

- 這是非常罕見、珍貴的時刻，請開啟自己所有的感官，享受這段美好的時光。
- 你正身陷於日常事務的泥淖之中，放輕鬆，讓自己快樂一點。
- 試著對某個特別的人說出自己真實的感受，不論是正面還是負面的。
- 花一些時間讓自己待在一個開放遼闊的空間，像是大草原，然後在那裡進行一場散步冥想。
- 你開始能夠獨立自主，達成自己想要的目標，請用自信快樂的輕鬆心境迎接這個里程碑。

召喚青鳥的時機

- 生活的狀況讓你感到超出負荷、喘不過氣，你需要讓自己快樂起來。
- 你最近肩負沉重的責任，需要支持的力量。
- 你身邊的人正經歷由女孩轉變成女人的階段。
- 你因為工作量太大而讓生活失去平衡，你需要為生活增添更多的樂趣並且放鬆一點。

如果青鳥是你的力量動物

- 你是一個謙虛而不張揚的人，幾乎每個人都喜歡你。
- 你是個認真工作也認真玩樂的人。
- 你懂得在對的時候站出來說正確的話。
- 你很溫柔體貼，從不會強迫或威脅別人，但如果自身受到脅迫，你也會為了自己挺身而出。

020 冠藍鴉／藍松鴉 Blue Jay

冠藍鴉出現的意義

- 多注意言語以外的跡象，這些跡象可能表示某人正試圖欺騙你。
- 與其粗淺地涉入靈性／超自然領域，還不如選擇一條道路，長期深耕。
- 不論你碰到哪個讓你恐懼的情境，請大膽勇敢地反擊。
- 審視自己的天賦和才能，好好規劃如何充分發揮所長，然後訂定清楚的目標、展開行動。
- 選擇一、兩件已經開始進行的事，並將它們完成。

召喚冠藍鴉的時機

- 你認為自己受到威脅、恫嚇，尤其是當你覺得對方比你強大、更有能力時。
- 你懷疑有人想掩蓋真實感受或動機以試圖欺騙你。
- 你正在掙扎自己該放棄還是繼續一項工作或一段感情，然而在你內心深處，你知道自己應該堅持到底。
- 你對許多事物都很感興趣，想要對它們有一定程度的了解。

如果冠藍鴉是你的力量動物

- 你無所畏懼，面對挑戰和威脅也絕不退卻。
- 你對事物的認識都只停留在涉獵的階段，特別是靈性／超自然的領域，雖然知道很多，但了解不深。
- 你有時會給人「知道的比做的多」的印象。
- 你善於模仿，能夠複製任何聲音或模仿他人。

021 藍鯨 Blue Whale

可參考 P.414 鯨

001779-©Mike Johnson/SeaPics.com

藍鯨出現的意義

- 你將收到靈性世界的訊息，而且訊息本身會非常清晰，讓你無法忽視。
- 創意計畫已經籌備得差不多了，現在你可以深吸一口氣，接著好好投入，看看一切會如何順利地開展下去。
- 你很樂意向他人伸出援手，不論是幫助無家可歸的街友、傾聽親朋好友的訴苦，還是參與當地的慈善活動。
- 要格外注意溝通上的狀況，不論是聆聽還是口頭表達，都要確保雙方有充分的了解。
- 花點時間去探究與理解阿卡夏靈魂紀錄（Akashic records）的深奧理念，及其之於你、之於這個星球所蘊含的意義。

召喚藍鯨的時機

- 你想擴展自己說話或歌唱方面的音域。
- 你想要藉由默觀、冥想或夢境，探尋與分析自己的潛意識，以更深入認識自己。
- 你與重要的人產生溝通上的誤會與誤解，你想要解釋清楚。

- 你正在進行一項針對遠古地球的研究，性質正式與否不拘。

如果藍鯨是你的力量動物

- 你的氣場強大，人們總會立即注意到你。
- 你深藏不露，偶爾才會對旁人展現隱藏的聰明才智與洞察力。
- 你心胸寬廣又富同情心，總是樂於傾聽，並對朋友伸出援手。
- 你很享受任何形式的溝通和聲音方面的表達，包括談話、演說和歌唱。
- 你希望在獨處、與伴侶相處以及朋友交際這些時間中，維持適當的平衡。

022 野豬／西貒 Boar / Pecarry

野豬出現的意義

- 停止拖延，繼續進行你已經開始但還未完成的計畫。
- 好好面對讓你焦慮的人或事，並為此劃下句點。
- 你正步入一個為你帶來財富、成功與自我成長的時期。
- 直面恐懼，採取任何必要的行動去消弭恐懼，好讓自己的內心獲得平靜。
- 不論你正處於什麼樣的爭議之中，近期內都能公平公正地順利解決。

召喚野豬的時機

- 你的生活中出現對你很刻薄、時常挑你毛病的人，你想要勇敢地面對他們。
- 你感到缺乏自信，自尊心低落。
- 你很害怕、也很懷疑自己是否有能力滿足生活所需。
- 別人誤會你，看輕你的付出與努力，你想要把事情說清楚。

如果野豬是你的力量動物

- 你願意面對任何讓你覺得不舒服的事情，就算感到恐懼，你還是會試著解決問題。
- 你天生擁有神奇的能力，可以有效地運用手邊任何資源，充分利用當下的任何情勢。
- 你是個相當固執且堅決的人，總是堅持不懈地追求自己的目標。
- 當你感到被困住或被逼到角落的時候，你會變得相當強悍，戰鬥力十足。

023 北美山貓／短尾貓
Bobcat

可參考 P.257 猞猁

北美山貓出現的意義

- 你要學習在獨處時不會感到孤單。
- 保持警戒，啟動所有的感官，讓自己維持警覺的同時，也要盡可能讓身心放鬆。
- 你會發現自己很容易看穿潛藏在表象下的真相。
- 如果你覺得事情有點不對勁，要相信自己的直覺，而非聽從他人所言。
- 你要小心與人分享之事，就算你要求保密，也有可能被第三者知道，而且內容或許會被曲解甚至放大扭曲。

召喚北美山貓的時機

- 不論是現實中還是象徵意義，你都希望自己能看得更清楚，尤其是在黑暗之中。
- 你懷疑自己眼前所見並非全部的真相，甚至完全是一場騙局。
- 你正在研究或練習更深入的直覺能力或通靈技術。
- 你長期身處社交活躍與喧鬧嘈雜的圈子裡，想要好好獨處，清靜一下。
- 朋友將祕密告訴你，而你想要信守承諾，幫對方保密。

如果北美山貓是你的力量動物

- 你是個安靜、獨立、優秀的傾聽者，所以你的朋友都很願意跟你分享他們的祕密
- 你能輕易在各種意識狀態與現實生活之中來回切換，隨時準備好在必要時刻處理實際層面的問題。
- 你善於利用自己絕佳的判斷力，知道自己什麼時候該說話、要說什麼、應該跟誰說。
- 你擁有很高的靈性天賦和直覺力，你也持續在開發自己這方面的能力，像是遙視、遙聽和接觸感應。
- 你很敏感，所以有時候會淹沒在過度的感官刺激中。你需要好好安靜片刻，不過，你也知道自己不適合一直處在與世隔絕的狀態。

024 水牛／野牛
Buffalo / Bison

水牛出現的意義

- 相信自己，你一直都擁有所需的一切。
- 對於自己擁有的一切，請抱持感恩的心。
- 清理多餘的東西，將它們整理回收。
- 打從心底相信生命的自然豐盈。
- 不要再自怨自艾，好好關注身邊早已擁有的豐富資源。
- 嘗試新的愛好、休閒活動或運動，來拓展你的興趣。

── 如果是白水牛（White Buffalo）

- 期待奇蹟，保持信念。
- 你身上會呈現一種祥和平靜的狀態，當你與他人接觸時會傳遞出這樣的感受。
- 你的靈性感受力將突飛猛進地提升。
- 即將到來的新時代會為全人類帶來和平與和諧，你亦為此貢獻出自己的一份力量。

召喚水牛的時機

- 你正經歷某種貧窮與匱乏，需要確保還有充足可用的資源。
- 你需要更多的決心，讓你可以追求某個重要的目標。
- 你想重拾對生活豐盈與富足的信心。
- 你有一項重要的計畫正準備展開。
- 你需要協助，好讓自己能度過一場辛苦的掙扎或激烈的挑戰。

如果水牛是你的力量動物

- 你相信自己擁有一切所需，不擔心任何資源匱乏。
- 你很慷慨並且樂於分享。
- 你很寬容，對別人不會有偏見，總是看見對方好的一面。
- 你很有力量也很有耐力。
- 你可以讓別人猜不透你在想什麼。
- 一旦設定目標，就沒有任何事能阻止你達成。

025 公牛 Bull

公牛出現的意義

- 現在是豐收且充滿活力的時刻，請允許自己著手進行那個考量已久的創意計畫。
- 你的人生正進入好轉的週期，好好迎接它並享受未來。
- 對你而言，現在是豐收的時刻，很快會有一筆意外之財。
- 享受你所擁有的物質財產，並釋出那些已完成自身任務、對你而言不再有用的東西。
- 專注在目標上，一心一意，讓自己穩定且持續地朝目標前進，不要毫無章法地冒進。

── 如果是已絕育公牛（Ox）

- 去參加你一直在考慮的研習。
- 團隊合作是你完成目標的最佳方式。
- 不論你的生理性別為何，記得運用自身的陽剛之氣。

召喚公牛的時機

- 身邊出現你不想有任何關係、也不想與之靠近的人身侵犯或恐怖情人。
- 身上的許多能量被澆熄了，你需要更多的力量與耐力。
- 你被指派進行一項困難或很有挑戰性的工作，你不確定自己是否能完成。
- 你擔心未來，不確定自己是否能夠糊口維生、平安度日。
- 你想完成自己內心的一個想法，但你心有不安，不確定要如何進行。

如果公牛是你的力量動物

- 你是一個很有力量的人，非常保護自己的伴侶與家庭。
- 你想要某件東西的時候，你會非常堅決，而有人會稱之為固執。
- 你非常重視承諾，一旦許下承諾，你就會長久地堅持下去。
- 你自帶高貴的氣質，也期望他人會尊重和認識這個面向的你。

026 蝴蝶 Butterfly

蝴蝶出現的意義

- 輕鬆愉快一點，不要那麼嚴肅。
- 準備好迎接一個重大的轉變，你要告別舊的習慣、思考方式或是生活型態，迎接全新的自己。
- 去落實內心一直在考慮的那個改變。
- 儘管有所挑戰，你還是能度過這場轉變，請一如既往地相信「一切都會過去」。
- 穿上更繽紛的衣服來表現自己。

召喚蝴蝶的時機

- 你知道自己現在必須有所改變，而且，你需要勇氣來突破作繭自縛的困境。
- 你正經歷人生中一場重大的轉折，像是離婚或是轉換工作跑道。
- 你想要獲得鼓勵，讓自己可以更自在地表達對周遭事物的愛。
- 你想要在配偶或伴侶等親密關係中，增添更多的浪漫元素。
- 你想要尋求協助，希望自己能夠再放鬆一點，讓工作或親密關係變得更加順利。

如果蝴蝶是你的力量動物

- 你對於人世的自然循環，諸如發生在自身與周遭的生、死與重生，充滿著深深的體會。
- 你充滿活力，獨特與繽紛的品味體現在衣著、室內設計、藝術、音樂甚至交友等方面。
- 別人總是深受你的吸引，所以人們經常自然而然地圍繞在你身邊。
- 你在人際關係上比較若即若離，通常不會與他人形成太強烈的依附關係。
- 你沒有辦法生活在有害、受污染的環境，因此，你必須住在空氣和水都乾淨之處。
- 你能輕易地隨時調整自己。

027 駱駝 Camel

駱駝出現的意義

- 就是現在，相信直覺的指引，仔細留意自己的感受，以及這些感受所要帶給你的訊息。
- 面對當前的工作，你擁有的能量與耐力遠超乎你的想像。
- 眼前的道路可能很艱難，你也無法得到許多支援，但你必須完全相信自己擁有一切所需，而你終會成功。
- 雖然你不會真的缺少什麼，但是儲存一些資源與金錢仍是很實際的決定，以防萬一。

召喚駱駝的時機

- 你長期辛勞許久，需要好好補充能量與營養。
- 你感覺自己失去方向，心情沮喪，需要力量來維持自己的信心，並相信一切都會好轉。
- 儘管自己像是被困在流沙之中，你仍想要感受生命的穩定與持續。
- 不論從實際上還是象徵意義上來看，你都將踏上一個新的冒險。這趟旅程會帶你進入未知的領域，你不確定那裡能否滿足你的基本需求。

如果駱駝是你的力量動物

- 你的適應力很強，擁有龐大的內在力量，足以承受和忍耐人生中的任何狀況。
- 雖然你的脾氣難以捉摸，但你大部分都很有耐心，為人和善。
- 你有辦法在別人覺得難以生存的環境中獲得成功，甚至成長茁壯。
- 即便在最艱困、最具挑戰性的時刻，你依然能保持一貫的積極態度。

028 金絲雀 Canary

©Rob Nunnington/Oxford Scientific/JupiterImages

金絲雀出現的意義

- 不管以前發生什麼，都隨它去，用炙熱的心、全新的希望與目標，來迎接早晨的陽光。
- 你正體會到自己聲音的力量，以及自己在說話與／或唱歌時的影響力與效果有多大。
- 你需要更多新鮮的空氣和陽光，以保持健康和活力。
- 你被自己的情緒及精神氛圍所籠罩，這對你的心情與健康狀況有很大的影響。
- 去嘗試多種不同方式的聲音療癒，你可以是接受者，也可以是療癒者。
- 你所說的話以及說話方式會對別人產生巨大的影響，而這取決於你是用愛與關懷，還是用尖銳與貶低的態度來表達。

召喚金絲雀的時機

- 你的喉輪出現阻礙，窒礙不適。
- 你是一名專業歌手或音樂家，需要讓自己的聲音或演奏更清晰、更有力量。

- 你覺得有點憂鬱或沮喪，想要振作起來。
- 你想要改善溝通技巧，尤其是聲音的音量和語調。

如果金絲雀是你的力量動物

- 無論是從說話能力或是唱歌能力來看，你都是非常強大的溝通者。
- 你對於自己所處的物質與情緒環境非常敏感。
- 你很有音樂天賦，而且必須用音樂的方式來表達自己，才能維持生活的平衡。
- 你對教學充滿熱情，善於言詞，能清晰地將想要說的話傳達給對方。
- 你很享受與他人進行對話的機會，而透過你的存在與你所說的話，對方也很感謝你為他們的生命所帶來的燦爛陽光。

029 北美紅雀 Cardinal

北美紅雀出現的意義

- 有人正在向你招手，需要你溫情且充滿愛的關注。
- 停在你所處的位置，觀察周圍環境，注意身體對此的感受。
- 現在是充滿創造力的時刻，至於要如何表達你的創造力，請留意你的直覺，讓它帶你前行。
- 為生活增添色彩，不論是居家環境、庭園，還是服飾的選擇。
- 打開眼界與心胸，此刻很適合你重新去探索從小就認識的宗教。

召喚北美紅雀的時機

- 你的生活或周遭環境看起來很沉悶枯燥，你想要增添一些色彩。
- 你經常搬家，想要安頓下來一段時間。
- 你想要改善飲食習慣，希望自己更加注意，能夠攝取健康且身體需要的食物種類。
- 你想學習更仔細地聆聽直覺，但不確定該如何練習這件事。

如果北美紅雀是你的力量動物

- 你存在於這個星球的主要目的之一，就是為這個世界增添色彩。
- 你比較喜歡穩定的生活步調，所以傾向在同一個地方待上很長一段時間。
- 你擁有強大的陰性創作能量，而且能夠仔細地聆聽內心直覺的指引。
- 你在人群中顯得很突出，當你走進一個空間，不需要做任何事就會引人注目。
- 你的前世與天主教有連結，很可能主掌天主教系中較高的職位。

030 馴鹿 Caribou

可參考 P.125 鹿

馴鹿出現的意義

- 現在是下定決心的時刻，請做出決定、堅持下去，並採取適當的行動。
- 你在情緒與精神層面的苦行之旅即將結束，在那之後，你將收穫這段旅途所帶給你的回報、益處與滿足。
- 有件事情正在干擾你，你需要先確定事情本身的樣貌，然後再決定要去改變、擺脫，還是對此事讓步。
- 你熟識與信賴的夥伴們相當團結且忠誠，這也是你的靈魂目前所渴求的；所以，讓自己沉浸其中，好好與他們相處。
- 或許現在的旅途看似漫長，但只要找到所需的支持，就會成功。

召喚馴鹿的時機

- 你有種渴望，想要遠離家鄉去流浪。
- 你覺得自己被某個人或某件事纏住，想盡自己一切所能來擺脫這個狀況。
- 你想採取某個行動，讓自己與家人更有安全感，但你不確定要怎麼做。

- 你下定決心要破除某些自我局限或弄巧成拙的習慣模式，而且已經準備好要著手進行。

如果馴鹿是你的力量動物

- 你喜愛交際，熱愛社交活動，很享受跟自己同類型的人相處。
- 你有定期旅遊的習慣，喜歡去同一個地方度假。
- 一旦你決定開始行動，就會立刻去進行。
- 秋天是你的季節，是執行任何創意計畫的最好時節。
- 你是一個相當堅定的人，特別是當家人與朋友都支持與尊重你要做的事情時，你便會堅持不懈。

031 鶴鴕 Cassowary

鶴鴕出現的意義

- 遠離文明，花些時間待在森林或樹林裡，重新恢復你的活力。
- 回饋是很重要的，將你的時間、金錢、禮物或可回收物品，回饋給曾為你提供服務的人或組織。
- 接下來的兩週內，在每天的飲食中，至少增加兩到三份新鮮水果。
- 無論付出的代價為何，都要維持自尊與尊嚴。

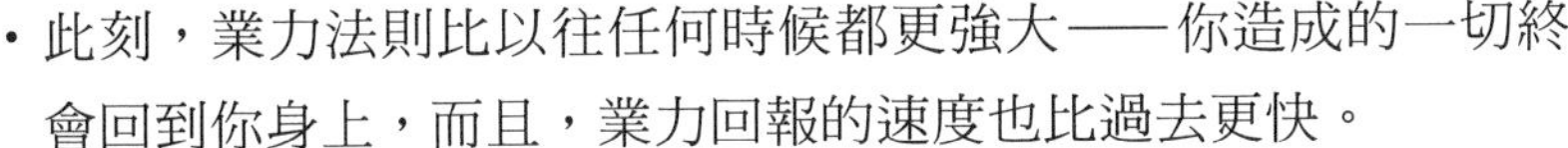

- 此刻，業力法則比以往任何時候都更強大——你造成的一切終會回到你身上，而且，業力回報的速度也比過去更快。

召喚鶴鴕的時機

- 對於目的與工作的重要性，你開始產生疑問或擔憂。
- 你覺得自己受到錯誤的對待，使你的尊嚴被貶低、自尊心受到挑戰。
- 有人闖入你私人的神聖領域，你想當面向他們說清楚、設立自己的界限。
- 你毫無原由地對某人大發脾氣，而想為此做出補償。

如果鶴鴕是你的力量動物

- 無論是否處在一段感情之中，你都很享受孤獨，然而，你也不介意別人來拜訪你。
- 你帶有自在的權威感，只要你在場，自然就會得到他人的尊重。
- 如果你是男性，不論孩子從母親腹中到出生，還是從兒童長大成人，你都會積極參與他們重要的人生階段。
- 你的自我領域意識很強，不請自來的人可能讓你反應過度，所以要小心留意，別讓自己過於強勢與好鬥。

032 貓 Cat

貓出現的意義

- 在這段時期，你必須能自給自足且信任自己的能力。
- 滿足自己感官的需求，像是用優雅、輕鬆的步伐緩慢地跳舞，或是享受別人的觸摸與肢體上的親密接觸。
- 仔細聆聽直覺給你的指引，這可能是先人的守護靈正在試著與你溝通。
- 這段時期會有許多神祕力量圍繞著你，多留意能指引你、告訴你方向的徵兆。
- 無論你釋出了什麼——人際關係、物品，還是不利於自己的習慣，那些東西很快就會被更適合你的人、事、物所完全取代。

—— 如果是野貓（Feral Cat）

- 在不會造成傷害的前提下，去做一些瘋狂、不符合你個性的事。
- 斬斷對他人不健康的依賴行為。

召喚貓的時機

- 你覺得自己困在某個人的生命中，你已經分不清彼此的界線。
- 你受到壓力，要求你融入群體之中，但是直覺告訴你不要這麼做。
- 你正進入深度的自省階段，探索自我的不同面向。
- 你認真努力很久了，想要好好放鬆玩樂一下。

如果貓是你的力量動物

- 你的自省能力很強，比起聽從他人意見，你更願意聆聽自己內在的聲音。
- 你很獨立，有時候你會特立獨行到做出與他人期盼完全相反的事情。
- 夜晚是你最有創造力的時段。
- 你的動作優雅且自然，散發出一股神祕的性感。
- 有時候你會過度專注於自己，因而忽略了周遭的人事物。

033 變色龍 Chameleon

可參考 P.249 蜥蜴

變色龍出現的意義

- 目前的你適合退居幕後，要有耐心，不要輕易展露你的真面目。
- 你正在為自己的環境做出非常積極的改變。
- 相信自己親眼所見的，這才是真正的事實。不要依賴你聽到、感覺到，或他人所謂的真相。
- 注意這一、兩天會出現在你面前的機會，當它出現時，要迅速採取行動、好好把握。
- 不要讓自己一股腦往前衝，在做出任何重要的選擇之前，要確定自己已經想清楚了。

召喚變色龍的時機

- 你需要完成從四面八方蜂擁而來的要求與責任。
- 你處於想要融入其中、卻也不想引起他人注意的情況當中。
- 你想依據過去的相關訊息以及自己對未來的預感，做出一項重要的決定。
- 你的情緒藏在表象之下，你想要去感受它，並且如實地表達出來。

- 你強烈地感受到，自己在做一些重要決定時太過於倉促、不夠謹慎。

033

如果變色龍是你的力量動物

- 你的行動比一般人緩慢，也更加小心翼翼，但是當你看到真正想要的東西時，就會迅速採取行動。
- 你可以同時看見與理解不同的觀點，這是你獨有的能力。
- 你有點喜怒無常，有時候會在一天中經歷多次情緒變化。
- 你的思考與行動都是非常謹慎並且有目的性，可以為了維持理性與平衡，盡可能地放慢速度。

034 獵豹 Cheetah

獵豹出現的意義

- 最近事情的進展會加快，但是不用掛心，你將會優雅地保持自己的步調來度過。
- 利用每天的伸展活動增加自己的柔軟度，或許可以在接下來的幾個月定期上瑜伽課。
- 面對最近出現在眼前的機會，你必須立刻回應，不要猶豫。
- 不要陷入僵化思維的陷阱，保持靈活，而且願意隨著情勢所需迅速調整方向。

召喚獵豹的時機

- 你的首要任務是快速有效率地完成工作。
- 你已付出相當多的努力與精力，需要好好休息才能恢復身心。
- 為了適應正在開展且不斷變化的環境，你處在一個需要快速思考和反應的環境之中。
- 由於你正在策劃一個相當困難的任務或挑戰，不論從實際上還是象徵意義上來看，目前的你都需要腳踏實地。

如果獵豹是你的力量動物

- 你的反應力很好，可以在任何時候迅速移動。
- 你喜愛獨處，但有時也樂於和親近的朋友共處。
- 你非常保護自己的孩子以及和你親近的年輕人。
- 你早年的人生很艱難，充滿了悲傷與淚水。
- 大部分的時間之中，你都非常善解人意，富有同情心。

035 黑猩猩 Chimpanzee

黑猩猩出現的意義

- 善用你的想像力創造出全新的方法，來解決眼前的問題。
- 你擁有所需的一切，可以解決你所面臨的責任與任務。
- 放下內心殘存的憤怒與怨恨，原諒最近與你發生衝突的人。
- 調整飲食習慣，選擇健康、天然、有機的食物。
- 最好忽略周遭正在發生的一些事情，它們可能會對你產生很大的干擾。
- 此時很適合進行自我檢視和反省，不帶偏見地承認自己的優勢和局限、正面與負面的性格特質。

召喚黑猩猩的時機

- 過往遵循的策略已不再適用於當前情況，你需要開發新的方法。
- 你進入一家以創意為核心的企業，需要發揮想像力，具備創新和原創的能力。
- 你的精神與日常生活失去平衡，過於向其中一端傾斜，你希望恢復平衡。
- 你和某人發生分歧或爭執，想跟對方和好。

・你覺得自己被困在日常規律中，感到相當厭倦，希望做出一些改變，讓自己找回熱情與活力。

如果黑猩猩是你的力量動物

・在很多不同情況下，你都能提出創新且實際的想法。

・你對很多事物都很好奇，在任何時候都熱切地想去探索讓你感興趣的東西。

・你善於交際，無論是家人還是朋友，你在志同道合的群體中都相當活躍。

・你富有涵養，極具同情心與愛心，你也一直以這些特質與親朋好友相處。

036 絨鼠／龍貓 Chinchilla

絨鼠出現的意義

©GK&Vikki Hart/gettyimages

- 請投入一點時間、精力、金錢，去幫助動物保護組織。
- 相信直覺，讓它告訴你何時該前進或後退、何時該行動，以及什麼才是正確的行動。
- 在你邁出下一步之前，最好先後退一步，仔細觀察到底發生了什麼事。
- 與其過度依賴知識性的分析去解決問題或下決定，不如深呼吸，聽聽自己的本能感覺，讓這些感覺去平衡與補強你原本的分析能力。
- 維持健康的飲食與運動規律，達到最佳的健康狀態，這對你而言很重要。
- 生活中有些事情開始失衡，你應該盡力讓一切回歸平衡，這才是對你最有利的。

召喚絨鼠的時機

- 當你要邁出下一步時，時機將成為關鍵的重點。
- 你應該進行排毒淨化，尤其是在季節交替的時刻。
- 你正與某人處於溝通不良的狀況，你想把事情講清楚。
- 生活中有些東西開始失去平衡，你想讓其回歸正常。
- 你覺得自己的體能沒有達到完美狀態，你想從飲食或運動下手，進行一些改變。

如果絨鼠是你的力量動物

- 不論身處何處，你總是對周遭環境的小細節感到非常好奇。
- 只要讓你感到安全與確定，你便會帶著天真與冒險的態度面對人生。
- 你能夠有效、準確地分辨一些徵兆或跡象的意義。
- 你是個非常敏銳的觀察者，能夠牢記自己見過或聽過的東西。
- 你能夠有效率地專注在自身本能提供的訊息，並以此平衡你出色的分析能力。

037 花栗鼠／地松鼠 Chipmunk / Ground Squirrel

花栗鼠出現的意義

- 相信自己已受到周全的守護，眼前沒有真正的危險。
- 保持好奇，願意去研究任何讓你感興趣的事物。
- 到戶外走走，花一點時間探索任何吸引你注意力的事物，小至一顆鵝卵石或小花，大至地平線上的遼闊景色。
- 完成一件創意作品或專案之後，在與別人分享內容之前，請先保密幾週。
- 多留意對方的聲音特質，像是音量、音高、音調，而不只是用說話的詞彙來判斷一個人。

召喚花栗鼠的時機

- 即使沒有立即的威脅或危險，你仍對新的情況感到不安或恐懼。
- 你正獨自一人或與多人在自然中漫步，你想要最大限度地去感受路程中所獲得的體會。
- 你不確定某人對你所說的話，是不是他們真正的想法或感受。
- 有人對你態度蠻橫、咄咄逼人，你需要做出清楚且適當的回應。
- 你的恐懼或焦慮使你無法享受生活。

如果花栗鼠是你的力量動物

- 你愛追根究柢而且個性好玩，喜歡探索生活中遇到的任何事。
- 你會去做任何你想做的事，無法接受別人干涉你該做什麼、什麼時候去做。
- 每三個月或一年，你的生活都會迎來顯著且戲劇性的變化。
- 你很健談也很喜歡與人攀談，你有時候要提醒自己先停下來，好好聽別人說話。
- 你身上有一種自信與篤定的光環，而且你的動作迅速、無法預測、堅決果斷。

038 眼鏡蛇 Cobra

可參考 P.370 蛇

眼鏡蛇出現的意義

- 你與女神的能量有著深刻的連結，尤其是埃及女神愛西斯（Isis）[6]。
- 你的直覺能力即將被喚醒與強化，在你做決定的時候，會提供很大的幫助。
- 你正面臨重要的選擇，必須把握時機出擊，當直覺要你行動的時候，不要猶豫。
- 參加幾堂亢達里尼（kundalini）瑜伽課，幾堂課後，留意瑜伽帶給你的不同感受。
- 播放一些緩慢的音樂，隨著樂音舞動，享受自由的身體律動。
- 讓眼睛與感官保持開放與警覺的狀態，不要被別人製造的幻象所蒙蔽。

召喚眼鏡蛇的時機

- 你需要很快地做出一項決定，並且採取行動。
- 有個意外的機會出現，但你不知道該怎麼辦。
- 你對別人給你的意見抱持懷疑，因為直覺告訴你不要這麼做。
- 你不信任某個人，但你不知道原因。
- 你需要淨化自己的身體與情緒。
- 你的內心有一個想法或創意計畫，但需要保密一段時間，不能讓別人知道。

6 譯注：愛西斯是埃及神話中代表生命、療癒與生育的女神。

如果眼鏡蛇是你的力量動物

- 你天生具有一種尊貴的氣質。
- 你擁有看穿別人外表、直視他人靈魂的天賦，這個特質有時會令人感到害怕。
- 你相信自己的直覺，在任何有疑惑的情況下，你都能果斷指出該怎麼做、也看得出任何有疑問的地方。
- 你知道何時該退出、何時該行動。

039 鳳頭鸚鵡 Cockatoo

鳳頭鸚鵡出現的意義

- 拋下原本的日常工作，去做些一時興起、平常不會做的事。
- 做一些特別的事，來表達你對伴侶或親友的愛與關懷。
- 你即將展開一段重要的學習歷程，不論這段過程是正規教育還是自學，你都需要全心全意並且堅持不懈，你也會因此深受啟發、收穫良多。
- 增強自己的自尊心，試著至少一整天不要貶低、數落、批評自己。
- 你現在的另一半是值得珍惜的人，會是負責、深愛著你的伴侶。

—— 如果是白色鳳頭鸚鵡（White Cockatoo）

- 你即將完成困難的轉變過程，準備要面對新的開始。

—— 如果是黑色鳳頭鸚鵡（Black Cockatoo）

- 你正在經歷的混亂與不穩定即將告一段落，請耐心等待，很快就會撥雲見日。

召喚鳳頭鸚鵡的時機

- 你需要協助，以幫助理解與釐清你接收到的徵兆與訊息。
- 你在親密關係中出現溝通困難的問題，你想要把事情說清楚。
- 你處在一個需要展現強大自信的情況。
- 你已經找到想要共度一生的人，而且有意識地想要與對方展開一段戀情。

如果鳳頭鸚鵡是你的力量動物

- 你從小就有靈性意識，可以成為一名優秀的宗教家、老師或精神領袖。
- 你是個貼心、負責、很關懷對方的親密伴侶，一旦找到對的人，你會想要跟對方廝守終生。
- 你很聰明也很熱情，而且非常享受社交生活。
- 你難以捉摸，擁有許多別人不知道的天賦，大家永遠猜不到你的下一步。

040 神鷲／禿鷹 Condor / Vulture

神鷲出現的意義

- 儘管現在你正處於糟糕的情境之下，而且損失慘重，但你最終仍會在此經驗中有所收穫，雖然這項收穫可能不會立刻展現。
- 你應該好好清理周圍的雜物與紊亂。
- 針對自己或他人想要忽略的問題，你應該開發具有創意的新方法來解決問題。
- 你會發現自己的口味、喜好甚至整個飲食習慣，都在最近有所改變，要密切注意身體對某些食物的反應。
- 回收或清理你完全不需要的東西。

——如果是加州神鷲（California Condor）

- 你會對生活產生一種全新的動力、力量與熱情。
- 清晨時刻，花點時間讓自己挺直站好、敞開雙臂去迎接陽光。
- 現在的你適合休養生息，給自己一段時間獨處與冥想。

——如果是紅頭美洲鷲（Turkey Vulture）

- 你會發現自己在視覺方面擁有更高的感知力，能看到周圍人身上的光暈。

- 趁現在好好梳理與清除生活中「感覺不太對勁」的東西。

召喚神鷲的時機

- 你正處於危機之中，必須先保持冷靜、整理思絮，讓自己接受現況後，再來尋求解決的方法。
- 你的身邊有人離世，你希望與他們在另一個世界的靈魂進行接觸。
- 你看到自己有很多缺點，希望重新建構自己的觀點與信念，並將其視為寶貴的資產。
- 你覺得自己在情感、身體或精神各方面都很紊亂，想要好好清理一番。

如果神鷲是你的力量動物

- 你有一種獨特的能力，能在最糟糕的情況下盡力而為，並從中得到收穫。
- 大多數的時候，你是個憂鬱且嚴肅的人。
- 你願意接手他人覺得討厭而不想做的工作。
- 你有通靈的天賦，不管有沒有經過開發，你都有能力與已故的親人或祖先溝通。
- 由於你特殊的外表和天生的超自然天賦，旁人不太能理解你，還可能會不理性地害怕你，刻意與你保持距離。

041 鸕鶿 Cormorant

鸕鶿出現的意義

- 一旦清楚自己的目標，就充滿熱情的投入，不要猶豫。
- 當你沉浸在追尋目標的時間太久時，請停下來讓自己在陽光下伸展一下，呼吸新鮮空氣。
- 你一直非常努力工作，現在可以往後退一步，好好欣賞自己的成就了。
- 似乎有人正在阻擋你想要進行的事，為了讓自己繼續前進，首先你要放下自己是受害者的想法，必要的時候，要勇敢地與其對抗。

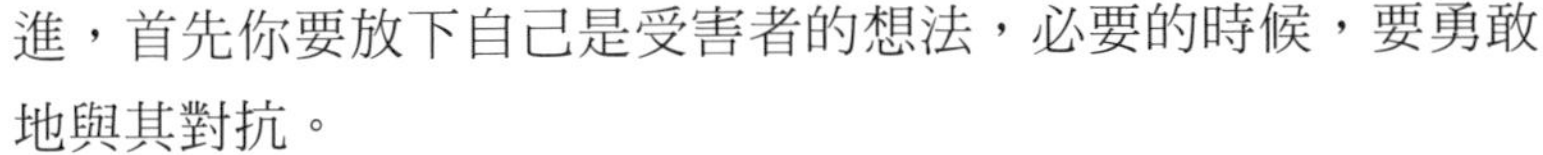

- 你必須擁有自己的力量，把力量交出去的話，會對自己造成身體、精神和情緒上的困擾。
- 不要被思維困住，而認為某些事情是不可能的。

召喚鸕鶿的時機

- 你內心有一個夢想或遠景，但你還不相信這是有可能實現的。
- 你讓一些批評影響到你，你想讓這些評價從你的意識中消失。
- 你得到一個機會，需要發揮超出自己本身的能力。
- 你疲於獨自面對，需要朋友與家人的支持。

如果鸕鶿是你的力量動物

- 你總是有辦法完成別人認為不可能的事。
- 如果有個看起來很棒的機會出現在你眼前時，你會全心全意的投入。
- 你會在工作告一段落時，停下來到戶外休息一下，以取得平衡。
- 你為人友善又隨和，所以要小心不要讓別人一直利用你，以至於精疲力盡。

042 山獅／美洲獅 Cougar / Mountain Lion

山獅出現的意義

- 你總是被推舉為領導的角色，不論在家庭中、朋友間、社群裡，甚至是全世界。
- 你現在要非常果斷，而不是推諉含糊。
- 不要再拖延重要的工作了，現在立刻就去做。
- 有人在你還沒準備好的時候強迫你改變，請帶著堅定、清楚、自信的態度去面對這些人。
- 抱持著信念和勇氣向前邁進，雙眼緊盯目標。

召喚山獅的時機

- 你需要力量和魄力，去應對具挑戰性的情勢。
- 你想要擁有更多的耐心與堅持，去處理一項困難的工作。
- 你需要優雅流暢且意圖明確的特質，來平衡自身的力量。
- 你被要求上台演講或進行報告，想讓自己更有自信。
- 你被壓得喘不過氣，需要他人幫助以完成數個艱難的工作。

如果山獅是你的力量動物

- 你是個講究平衡的人。
- 一旦你決定如何應對某種情況，就會迅速採取行動。
- 你經常被推舉為領導者，大家都很依賴你提供的答案與方向。
- 比起社交活動，你更喜歡獨處。
- 你是個主導性強的人，有時會因此招致別人的反對和批評。

043 乳牛 Cow

乳牛出現的意義

- 現在正是你滋養茁壯的時刻，請好好享用提供給你的食物。
- 沒有什麼需要煩惱的，不用去管任何恐懼或疑惑，你已擁有一切物質需求。
- 利用此時好好修補與母親的關係，無論她還在世還是已經前往靈性世界。
- 你可能想認識代表幸運與財富的印度教樂濕彌女神（Lakshmi）[7]，祂能讓你擁有富足的生活。

- 堅持自己相信的事情，一旦做決定之後，就不要讓他人左右你。

- 你可能會被要求為了成全大我，而做出一些犧牲。

召喚乳牛的時機

- 無論是生理上或心理上，你覺得自己需要營養與滋養。
- 你即將成為母親、已經有小孩，或正在照顧別人的孩子。
- 你想要擁有更強的信念，並相信宇宙永遠能提供一切，對你或其他人都永不匱乏。
- 你需要療癒某些情緒傷口，這些創傷源自於童年時期被忽視或被遺棄的經驗。

7 譯注：樂濕彌女神亦稱為「吉祥天女」。

如果乳牛是你的力量動物

- 你的警覺性很高，可以察覺周遭的變化。
- 你享受寧靜與靜止的狀態，讓自己可以在閒暇時輕鬆地思考。
- 你很慷慨大方，樂意奉獻自己的心力與時間，大家都知道你是個富有同情心與愛心的人。
- 碰到困難或衝突時，你會尋求親朋好友的協助，緊緊地依靠他們。
- 你能夠察覺危險與機會，而且有能力分辨兩者的不同。
- 你樂於助人，願意將他人的需求放在自己的需求之前。

044 郊狼 / 草原狼 / 叢林狼 Coyote

郊狼出現的意義

- 放輕鬆一點，你總是把事情看得太嚴肅了。
- 你所需的資源完全足夠你取用。
- 某件意料之外、而且不太受歡迎的事情即將發生。
- 面對目前的情勢，與其爭吵或逃避，不如試著去調整它，反而能讓狀況好轉。
- 從你正在經歷的混亂當中記取教訓。

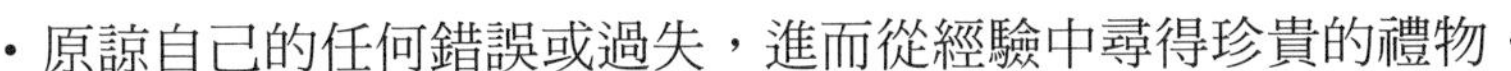

- 原諒自己的任何錯誤或過失，進而從經驗中尋得珍貴的禮物。

召喚郊狼的時機

- 你想要簡化某件看似複雜的事情。
- 你想從夢境、看見的影像或最近的經歷中，找出背後更微妙的意義。
- 你想在任何混亂的情勢中，保持冷靜與泰然自若。
- 你覺得心情沮喪，想要重拾對生活的幽默感。
- 生活中充滿太多無聊的例行公事，你覺得很無趣，想要讓事情變得有趣一點。
- 面對一個看似無法克服的難題，你想跟大家一起集思廣益，找出有創意的解決方法。
- 你不確定自己做的決定會導致和平還是混亂。

如果郊狼是你的力量動物

- 你總能在艱難的情勢之下，找出隱藏其中的寶貴教訓。
- 你喜歡開玩笑，總是想把生活中的每件事都變得有趣。
- 你擁有很強的生存能力，幾乎所有的歷練都挺得過去。
- 你善於利用各種資源，能夠適應各種環境。
- 你天生就擁有教導他人的能力，著重身教，而隨著年紀增長，你會愈來愈有智慧。
- 即使在最具挑戰性的情況下，你仍能從中找出幽默與趣味。
- 朋友認為你是個自相矛盾的人，很難為你定位或歸類。

045 螃蟹 Crab

螃蟹出現的意義

- 一個令你意想不到的改變，即將出現在周遭的環境或生活之中，這個轉變對你靈性追求的道路很有幫助。
- 你會發現自己逐漸具有遙視的能力，對於肉眼不可見的領域看得愈來愈清楚。
- 過於專注眼前之物會讓你失去很多東西，你應該將周遭看見與聽見的細節都納入注意力之中。
- 密切注意來自潛意識的信號，這些訊息會透過夢境、影像、一閃而過的意念等方式出現在你面前。讓它們浮出水面成為你的指引，並在現實世界中將它們展現出來。
- 播放你喜愛的音樂，穿著輕鬆的衣服，拉上窗簾，隨興地跳舞。

召喚螃蟹的時機

- 你已躲藏許久，該是從殼裡走出來了。
- 你正處在充滿敵意、負面的情緒風暴中，需要額外的保護。
- 你被迫面對一些突如其來的改變，需要協助以便能快速適應這些變化。

- 有人正在質疑你，你想要機智地應對，以免陷於防禦性及言語的反擊。
- 你正在打掃、清理很多你不確定要怎麼處理的東西。

如果螃蟹是你的力量動物

- 你有迅速下決定和做改變的傾向，因而時常讓周遭的人感到驚訝。
- 你有不可思議的忍耐力，幾乎能夠在任何環境中存活和茁壯，快速適應任何改變。
- 你的聽覺、視覺和身體感覺都非常敏銳，導致你對周遭人事物相當敏感；必要的時候，你會用隱遁或抽身離開來保護自己。
- 你能夠快速地轉移注意力，並在此同時維持專注狀態，對周遭發生的一切保持警覺。
- 你很保護自己的家與個人空間，使其不受任何外力入侵。

046 鶴 Crane

鶴出現的意義

- 去做你需要做的事，為生活帶來更多的平衡。
- 現在是充滿豐饒與富足的時刻，你不會再需要其他的東西。
- 你可以從一扇已開啟的門縫中，窺見沒有恐懼與不安的未來。
- 保持一種放鬆的警覺心，密切關注一些跡象與徵兆。
- 你可以重拾以前的愛好或興趣。

召喚鶴的時機

- 你覺得一切都失常了，想要恢復秩序與平衡。
- 你發現自己憂心忡忡，甚至因而內心充滿壓力，情緒不佳。
- 你的注意力被切割成生活中兩個重要的部分，但你只想專注在其中之一。
- 你覺得自己缺乏愛、金錢、注意力或其他任何東西，希望自己的態度轉變為知足感恩。
- 你與自己的情緒脫節，或是感受到到自己的直覺。

如果鶴是你的力量動物

- 你的個性處變不驚，生活中從不過度擔心或步調匆促。
- 你有一種不可思議的天賦，經常能預測還未發生的事。
- 你對環境中的任何變化都非常敏感，尤其是對急遽變化的狀況特別有反應。
- 你可以長期專注一件事情，甚至因而忽略周圍發生的一切。
- 你擅長從理解對手的感受與想法出發，因此能成功進行斡旋，讓彼此達成一致與和平的協議。

047 鱷魚 Crocodile

可參考 P.34 短吻鱷

048 烏鴉 Crow

可參考 P.340 渡鴉

烏鴉出現的意義

- 你努力了一段時間的事，即將展露苗頭。
- 在接下來的幾天裡，仔細注意任何能夠指引與教導你的跡象及徵兆。
- 一項重大的改變即將出現。
- 你注意到有件事已經失衡，或者有不公平的事尚未得到處理，為此大聲疾呼是很重要的。
- 你會隱約看見一些將直接影響到未來的事件。

召喚烏鴉的時機

- 你覺得似乎有人試圖欺騙你，但又不是很確定。
- 你正面對人生中巨大的改變，需要幫助與指引去度過這些關卡。
- 你感受到強烈的創意湧現，想要獲得支持以發揮展現你的靈感。
- 你覺察到自己正在接收跡象和徵兆等靈性指引，但不太確定背後代表的意義。
- 目前的一個專案或一段關係，似乎正將你導向詭譎的方向，你希望提早獲得警告，以避免落入可能的陷阱之中。

如果烏鴉是你的力量動物

- 你善於利用資源，能夠有效地使用手邊之物創造出自己需要的東西。
- 你善於社交，不過更傾向將時間花在親近的朋友與家人身上。
- 對你而言，物質世界和靈性世界都是虛幻的，所以你能夠在不同的現實之間切換，選擇適合自己的一方。
- 除了人類制訂的法律之外，你自己也遵守靈性的聲音以及個人道德的準則。
- 不論何時，只要碰到不符合靈性法則的事情，你都非常願意發聲。

049 杜鵑／布穀鳥
Cuckoo

杜鵑出現的意義

- 仔細傾聽別人在說什麼，以及他們沒有說出口的又是什麼。
- 你人生的道路上剛出現、或者即將出現一個意外的轉折，這是與你靈魂命定之事更加一致的方向。
- 留意自己說話的內容以及對象，尤其是跟別人有關的傳聞或八卦。
- 在靈性追求的道路上，你並不需受到磨難才能成長與茁壯。
- 放慢腳步，不論你要進行的是什麼，相信一切都會在最好的一刻發生。

召喚杜鵑的時機

- 有件事情正在吞噬著你，你想要釋放並療癒這件事。
- 你一直非常努力，肌肉緊繃、咬緊牙關，你知道自己應該要慢下來。
- 你正開始一個專案、工作或是一段關係，想要盡量享受接下來的過程。
- 你正在找回一些從前的嗜好、運動或是其他休閒活動。

- 最近你與某人的相處狀況不太好，你需要勇氣與清楚的思維來處理這件事。

如果杜鵑是你的力量動物

- 你總能讓別人褪下自己的保護殼、脫離自己的角色，並且在很短的時間內，對他們有非常深入的了解。
- 你相當善於順勢而為，適應生命中每次的曲折與轉變。
- 你很享受找到新的計畫或興趣，只要一有機會就會充滿熱情地投入其中。
- 你很喜歡唱歌，特別是充滿正能量與令人振奮的歌曲。

050 鹿 Deer

可參考 P.87 馴鹿、P.152 麋鹿、P.380 雄鹿

鹿出現的意義

- 你陷入了具侵略性且負面的情勢之中，需要尋找安全、能夠滋養你的環境與群體。
- 你比以往更需要信任自己的直覺。
- 你已準備好進行一場迷人的冒險，這趟旅程將引領你走向各種不同的道路，並帶來許多重要的見解。
- 請對自己與他人溫柔。

—— 如果是白尾鹿（White-tailed Deer）

- 你將迎來富足的日子，然而，前往的路途上並非不需犧牲。

—— 如果是騾鹿／黑尾鹿（Mule Deer）

- 你處在探索自己人生方向的階段，請盡情徘徊探索，享受過程。

召喚鹿的時機

- 你正在進行與創意有關的計畫，需要相關的靈感或資源。
- 你需要更高的警覺性和敏感度，以避免任何可能發生的危險。
- 你想要釋放對某人的憤怒、埋怨或批評。
- 你負責進行與女性有關的儀式或典禮，例如人生中某些重大或轉換的階段。
- 你正在經歷人生中一場艱難的關卡，需要勇氣與耐力。

如果鹿是你的力量動物

- 你擁有兩性的特質，既有男性特質中的掌控、權威、保護，亦有女性特質中的愛、滋養、服從，不過，你的生理性別會決定你較為偏向哪一方。
- 你非常敏感而且有很強的直覺，經常能在別人尚未察覺之前，就感知到他們的感受。
- 你在行進間仍能維持自己的目標、注意力與速度，能在快速改變方向的同時，完全保持平衡。
- 戶外最能令你感到放鬆，尤其是在森林或充滿樹木的地方，你必須經常去那些地方幫自己充電，恢復活力。

051 澳洲野犬 / 丁格犬
Dingo

可參考 P.129 狗

澳洲野犬出現的意義

- 放輕鬆，用大笑面對錯誤，不要對自己和生活太嚴肅。
- 花一點時間到大自然中，把重點放在仔細聆聽所有你聽到的，以及那些你聽不到的。
- 保持彈性，配合所需調整你的計畫。
- 讓自己在追求目標的過程中堅持不懈，直到達成想要的結果。
- 與其為了自己的錯誤和過失批評自己，還不如找到可以從中學習的事情。

召喚澳洲野犬的時機

- 你參與了一項非常艱鉅的工作，你很想放棄，但又知道必須堅持下去。
- 你發現自己難以接受生命所帶來的一切，覺得自己成為這些情況的受害者，然而，你也想要重新取回自己的力量。
- 你把生活過得太嚴肅了，想要恢復一點幽默感。
- 你覺得自己搞砸了一些事，你不只想要改善情況，也想要從這次經驗中記取教訓。

如果澳洲野犬是你的力量動物

- 有時候你會知道一些事情，但又沒有理由可以說明從何得知。
- 你的適應力很強，不論處於任何情況下都能適應環境。
- 你很聰明又有毅力，願意嘗試不同的方式來完成工作。
- 你是很棒的演說家，在需要運用這項天賦的工作上都能做得很好。
- 你的工作跟聲音有關，不論是從事音樂、歌唱還是聲音療癒。

052 狗 Dog

狗出現的意義

- 不論發生什麼事，讓自己保持堅強的信念。
- 純粹地本著服務精神自願去做某件事，對你來說是很重要的。
- 即便面對消極與失望，仍要保持堅定與決心。
- 用有創意的方式，對親近的人展現你的愛意與感謝。
- 對你所珍愛的人忠誠。

召喚狗的時機

- 你正在執行一項計畫，然而你的決心卻開始消退。
- 你感到孤單，而且需要陪伴。
- 你需要獲得立即且堅強的保護。
- 你正面臨一些困難與挑戰，而且很想放棄。

如果狗是你的力量動物

- 你對朋友、工作環境和你的社群都非常忠誠。
- 在能夠為人類服務的環境下工作，你會盡自己所能做到最好。
- 相較於獨自一人，你更適合在群體中生活與工作。
- 當人們有所需求的時候，你通常是最快回應的那個人。

說明：由於狗本身有太多不同的品種，此處只提供綜合性的說明。如果你想找特定某一種狗的意義與目的，可以進行冥想來深入研究其個性。

053 海豚／鼠海豚 Dolphin / Porpoise

海豚出現的意義

- 播放一首你最喜歡的音樂，在今天花幾分鐘進行冥想。
- 多聽少說，特別是你正在與他人或自然世界進行一些細微的溝通時。
- 以更親切和正面的態度與行動，去面對你覺得難以相處的人。
- 多對別人微笑，也留意對方回應你時所展現的笑容。
- 嘗試進行海豚式呼吸：做三次非常緩慢且深層的呼吸，每次吐氣時都發出「噗」的聲音，然後觀察內心的感受。

召喚海豚的時機

- 事情開始變得規律及單調，你渴望為生活注入一些新鮮感。
- 你與親近的人發生爭執，你希望把事情講清楚。
- 你感到緊繃，想要釋放所有的壓力。
- 最近你在任何的關係中，與他人的溝通都出現了問題。
- 有力量在推動你更深入地進行與靈性有關的工作。

如果海豚是你的力量動物

- 你是溝通大師，主要是因為你可以同時聆聽好幾種不同層次的訊息。
- 你非常敏感，可以敏銳的察覺別人的感受，甚至是別人刻意隱藏起來的情緒。
- 你非常地活在當下。
- 你是水域的守護者，所以你的靈魂任務就是要竭盡所能地保護與清理地球的各種水資源，包括海洋、河流、湖泊以及小溪流。
- 因為你富有同理心與同情心，所以人們都會向你尋求建議及忠告。
- 對於人與動物，你都有很強的直覺，能感應到超自然的事物，甚至有心電感應。
- 你很少會嚴肅看待事情，喜歡把它們當成一種遊戲，但有時會因此而引起某些人的反感。
- 你喜歡用調皮和天真無辜的方式向對方調情。

054 驢 Donkey

驢出現的意義

- 選擇符合你個人理念的組織，將時間與精力投入志願服務。
- 傾聽並尊重自己的直覺，尤其在進行具有潛藏風險的事情時。
- 向目標邁進的時候，請慢慢來，讓自己謹慎小心地前行並持續前進，只有在決定方向的時候才稍微停下腳步。
- 你愈常表達與實踐內心的真理，便愈能獲得認可和讚賞。

召喚驢的時機

- 你已為某人付出了很多，現在需要劃清界線，向對方說不。
- 你必須完成一項勞心勞力的任務，需要動機來激勵自己繼續進行下去。
- 你一直無法到達目的地，因為你太專注於目標本身，反而忽略了達成目標的最佳途徑。
- 你處於不安而且可能有危險的狀況，需要謹慎與穩定來幫助自己脫離險境。

如果驢是你的力量動物

- 你很努力工作，總是盡力完成交付給你的任務，也樂於為他人服務。
- 不論何時何地，只要有人需要，你都樂於伸出援手，但是有時候你承擔的責任會超出負荷。
- 你很有耐心，為人謙和，擁有深厚的品格。
- 不論事情有多困難，只要執行上是安全的，你都會堅持到底。

055 白鴿／鳩 Dove

白鴿出現的意義

- 用言語或行動向他人表達你的愛意，對象愈多愈好，即便是微小卻具有深意的動作也很好。
- 某位近期離世的靈魂，正在經歷順利、平靜、愉悅的過渡期。
- 你現在擁有強大的預言與預視能力，比以往更能窺見未來。
- 你正在經歷一場靈性的重生，這源自於你過去一段時間的自我檢視和自我挑戰。
- 現在很適合窩在家裡，享受自己居家的一面。
- 好好用愛呵護涵養自己，是非常重要的。

召喚白鴿的時機

- 你感到煩惱、擔心、心煩意亂、焦躁不安、心情沮喪，需要重拾生活的平靜與穩定。
- 你憂心伴侶不是那麼愛你，希望為這段關係多投注一點安全感。
- 你對靈性生活產生懷疑和疑慮，想要加深自己的信念。
- 你親近的人於近期過世，你想要與他在另一個世界的靈魂建立聯繫。

如果白鴿是你的力量動物

- 你非常沉靜平和，只要你一出現，就能為他人帶來平靜。
- 你身上有截然不同的兩面，一方面你非常投入於靈性的追求，同時卻又非常務實、腳踏實地。
- 你很喜歡待在家裡，讓自己沉浸在各種家務之中。
- 不論生理性別為何，你都有極強的母性本能。
- 你既溫柔又熱情，會以低調卻強烈的方式表現這些特質，至少面對心愛的人是如此。

056 龍 Dragon

龍出現的意義

©Sue Dawe

- 你正進入生命中新的階段，將會承擔更多的風險和受傷的可能，然而，你也受到了安全的保護。
- 多參加一些能為生命帶來熱情的活動。
- 你前世所處的時代中，人們普遍會參與以大地為主的靈性活動與儀式。
- 你正進入事業相當成功的時期。
- 固定花一些時間進行冥想與默觀，你會得到寶貴的見識與靈感。

召喚龍的時機

- 你熱衷於古老神祕術法的研究與實踐。
- 你覺得自己被困在生活的世俗之中，你渴望冒險。
- 在一項計畫或新創事業中，你面臨到一連串的阻礙。
- 你對於一個必須處理的狀況感到相當恐懼，但你知道必須勇於面對並克服它。

如果龍是你的力量動物

- 你會用威卡信仰（Wican）、多神信仰（Pagan）、德魯伊信仰（Druidic）或薩滿傳統，來進行這些以大地為主的靈性儀式與神祕術法。

- 你是一名現代巫師，擁有很高的精神層次，隨著能力愈加成熟，你的智慧與技術也愈精進。
- 你具有強大、威風凜凜的氣場，身上帶著一種尊貴的氣息。
- 你是個心胸開放的人，樂於接納別人的靈性道路、不同的想法與可能性。
- 你很有熱情與活力，而且極具感染力。

057 蜻蜓 Dragonfly

蜻蜓出現的意義

- 小心任何可能掩蓋目前情勢或關係的謊言、欺騙或假象。
- 你對任何事情都太過理性，不論內心的情緒是什麼，你應該好好檢視自己內在的感受。
- 生命中的魔法跟奧祕正在喚醒你。
- 藉由固定的冥想來恢復自己的精神能量，這對你而言很重要。
- 你正經歷一個重要的轉變，這不只是簡單的改變而已，請好好享受這個過程吧！

召喚蜻蜓的時機

- 你感到情緒低落，想要釋放自己的能量，擁有表達一切感受的能力。
- 你的生活處於停滯狀態，需要改變步調。
- 似乎有個假象或騙局掩蓋了某個情況或關係，你想了解事情的真相。
- 你深受神祕術法或古老神祕學說所吸引。

如果蜻蜓是你的力量動物

- 你是個情緒化也充滿熱情的人，隨著年齡的增長，你將學會分離情感上的依戀與控制自己的情緒。
- 你充滿緊張的能量，總是焦躁地走來走去。你要經常讓自己處於穩定狀態，才能平衡這種能量。
- 你與自然界的靈有強烈的連結，熱愛園藝，喜歡照顧植物。
- 不論對別人還是對自己，你都很擅長看透其中的幻像。

058 鴨 Duck

鴨出現的意義

- 不論在現實中還是象徵上的意義，現在都是豐饒、具生產力的時刻。
- 可以去玩樂一下，甚至做些愚蠢的事。
- 動盪的時刻已經過去了，現在你可以釋放一下被壓抑的情緒。
- 去做任何可以舒緩情緒的事，而不是去否定自己對此的需求。

——如果是綠頭鴨（Mallard）

- 無論你正在參與什麼計畫，現在都是生產力高漲的時刻。
- 無論是什麼新的點子，請好好發展並實現它。

——如果是林鴛鴦（Wood Duck）

- 你愈能夠接受真正的自己，便愈能看見真正的靈性道路。
- 盡自己所能重拾原本的幽默感與趣味。

召喚鴨的時機

- 你正要開始一個新工作或一段新關係。
- 你需要協助，讓自己可以度過一些困難的情感糾葛。
- 你的生活變得沉悶而單調，你希望放鬆一下，做些有趣的事。
- 你發現把自己逼得太緊了，想要變得快樂一點。

如果鴨是你的力量動物

- 你很戀家，對家有強烈的依附感。
- 你慷慨寬宏，樂於與人分享。
- 你很享受他人的陪伴，尤其是那些志趣相投的人。
- 你非常討人喜歡，平易近人，而且善於表達自己的情感。
- 你的復原力很好，很快就能恢復活力。

059 儒艮 Dugong

請見 P.263 海牛

060 鵰 Eagle

鵰出現的意義

- 盡快接受你最近正在考慮的機會。
- 在最近的一段衝突之後，你會迅速恢復、充滿精力，而且將會擁有朝著正向發展的全新開始。
- 讓自己脫離、提升到世俗的眼界之外，如此一來，你才能用更廣闊的視野與角度，來看待自己的人生與所處的情境。
- 現在是靈性覺醒的時刻，你將與神性進行更深刻的連結。
- 這是從上天獲得創意靈感的重要時刻，留意自己接收到的任何指引。
- 無論你丟出正面還是負面的東西，那些東西都會以比過往更快的速度，以某種形式返還給你。

── 如果是白頭海鵰（Bald Eagle）

- 你在物質和靈性世界之間遊走的能力愈來愈強。
- 潛入內心深處，密切關注任何浮現的影像或靈感。

── 如果是金鵰（Golden Eagle）

- 進行一趟靈性之旅，前往聖地朝聖。
- 找到你的熱情，以及表達熱情的方式。

召喚鵰的時機

- 你被困在生活的枝微末節之中，看不清局勢的全貌。
- 最近你看見了一些靈性世界的啟示，並希望將其融入日常生活之中。
- 你的生活發生巨大的變化，必須面對一些重大挑戰。
- 你處於一個掙扎或困難的時期，完全陷入生活中乏味無趣的一面。
- 眼前出現了一個機會，但你不確定是否要採取行動。

如果鵰是你的力量動物

- 你的精神層次很高，是天生的領導者，人們會很自然地被你所吸引。
- 你願意承擔挑戰和困難之事，因為你有信心可以應對，並且相信它們有助於你在精神與靈性層面的成長。
- 即使你擁有所謂的老靈魂，你仍須在一生中經歷各種「啟蒙」，才能進入完全以精神靈性為導向的生活。
- 你充滿熱情，但有時候要注意自己的脾氣。
- 你人生中的主要課題之一，就是學習保留自己的能量，並將注意力集中在真正重要的事情上。
- 你毫不猶豫、堅定地把握機遇，確信自己能從中獲得寶貴的經驗。
- 多注意脊椎的感受，它可視為直覺的觸發，好讓你能更加警惕周圍的情況。

061 針鼴 Echidna

©Paul A.Souders/CORBIS

針鼴出現的意義

- 在陌生或不自在的情境下，要保持警覺、小心謹慎。
- 你發現自己更容易進入非肉眼可見的世界，提醒自己密切留意與守護靈或先人之間任何形式的溝通。
- 小心辨別能夠進入你私人空間的人，但不必因此與所有人保持距離。
- 不論你想要探索或研究哪件事情，都讓自己投入進去，深入挖掘與學習。

召喚針鼴的時機

- 不論在現實中還是象徵上的意義，你目前正身處於嚴苛、具挑戰性的環境之中。
- 你想要為某人保守祕密。
- 你覺得自己需要溫柔但有效的保護。
- 你希望自己更有能力去區分出誰值得相信、誰可以進入你的私人空間。
- 重大的過渡或轉換期已來到尾聲，全新的自己即將誕生。

如果針鼴是你的力量動物

- 無論身在何處，你都感覺很舒服，就像在家一樣放鬆自在。
- 不論內外，你家裡的布置都呈現一種很有創意卻不常見的風格。
- 你很喜歡追根究柢，渴望知道事情的「原由」，願意深入了解各個事件的成因。
- 你對靈性領域的能量十分敏感，因此很容易能與靈界溝通。

062 鰻 Eel

鰻出現的意義

- 無論男女，會有愈來愈多人被你吸引，其中一些與性愛有關。
- 去上幾堂亢達里尼瑜伽課，然後在家持續練習。
- 近期你將展開一趟靈性的朝聖之旅，這將深刻地改變你對自我的認知，其他人可能會因此而認不出你。
- 你很快就會弄清楚困擾你的問題或難題。

召喚鰻的時機

- 你正在準備進行一趟靈性之旅，你覺得這趟旅程會對你造成深遠的影響。
- 你想增強對未來伴侶的性吸引力。
- 你陷入了一場耗盡精力的困境而想擺脫它。
- 你一直在思考和分析，現在想要讓大腦休息一下。
- 有一個反覆出現的夢境，你不知道這代表什麼意義。

如果鰻是你的力量動物

- 每隔一段時間，你就需要去一個熟悉的地方旅行，儘管你也不知道為什麼必須要重複這段旅程。
- 你喜歡住在離水近的地方，喜愛許多水上運動和活動。
- 你是個很有深度的人，但在別人瞭解你之前，這個特質並不是那麼明顯。
- 你什麼都不用做就自帶一種自然純真的性感。
- 你對男人和女人都很有吸引力。

063 白鷺鷥
Egret

可參考 P.200 蒼鷺

白鷺鷥出現的意義

- 要有絕對的耐心，而你很快就會得到回報。
- 現在這個時刻，你應該更加依賴自己，而不是想靠他人提供所需。
- 以目前的情況，雖然專注於自己的感覺是有幫助的，但是更好的選擇應該是依靠自己的智慧與機智。
- 至少要勉強維持住自己的財務狀況，你才能看見周遭發生的事。
- 利用自己的視覺，留意不尋常的動靜或發生的變化，並注意體內感受到的振動。
- 深入表象的感受之下，讓所有情緒都能輕鬆、毫無阻礙地從你身上流過。

召喚白鷺鷥的時機

- 你需要與別人合作，才能完成你必須要做的事。
- 你想要探究與理解一些表象之下的感受。
- 你正在幫助別人前往靈性世界。
- 你要完成一件工作，對此感到相當緊張，而你的焦慮更干擾了做事的效率跟成果。
- 你深陷在情緒之中，需要讓自己擺脫這些情緒，並且超越它們。

如果白鷺鷥是你的力量動物

- 雖然你是個自信又自立的人，你仍舊很享受與親近的人待在一起。
- 你很害羞、溫和，雖然你對事物的感受很深刻，但卻傾向讓自己變得比較知識性，而把情感放在一旁。
- 你的視覺相當敏銳，能夠運用這項天賦去幫助自己與家人。
- 有時候你喜歡與他人一起小小地煽動某件事，看看接下來會有什麼發展。
- 雖然你傾向待在幕後，但其他人總是會注意到你，強烈地意識到你的存在。

064 象 Elephant

象出現的意義

- 以某種方式為年輕人、老年人或比你不幸的人服務，並且把這件事當做重要的承諾。
- 不要讓任何事阻礙你完成目標，這個目標是你達成目的不可或缺的一部分。
- 你擁有足以克服眼前所面臨挑戰的決心和毅力。
- 相信自己的直覺，如果生活中有某件事「感覺」不太對勁，請採取必要措施來處理它。
- 忠於你親近的人，即使有人質疑他們的正直。
- 重新活化你與神性之間的連結。

召喚象的時機

- 你覺得很孤單，認為自己被孤立在家庭或任何形式的社群之外。
- 你的心理、情緒或身體出現了阻礙，讓你無法完成目標或進行任務。
- 你感到疲倦、虛弱、憂鬱，需要更多的能量和活力。
- 你想要更有自信。
- 你想提高自己的性欲，增加更多浪漫的感受。
- 你處在具有權力與責任的位置，需要成為強而有力的領導者。

如果象是你的力量動物

- 你對知識有無限的渴望，並且不斷尋求了解更多的事物。
- 最能展現你自己的職業是進行政治或社會工作，或是位處公共事務的領導位置。
- 你天生能夠運用古老的智慧，並在適當的時候傳遞這些智慧結晶。
- 你是個熱情洋溢和縱情無拘的情人，很容易能取悅你的伴侶。
- 一旦你下定決心想得到某個東西，就沒有任何事物能阻止你擁有它。

065 麋鹿／北美紅鹿 Elk / Wapiti

可參考 P.125 鹿

麋鹿出現的意義

- 多與相同性別的人相處、交朋友。
- 你將邁入一個豐饒富足的時期，擁有一切所需。
- 吃幾天的素食，感受身體的變化。
- 你的內在小孩此刻正需要強大的滋養和保護。
- 調整自己的節奏，多攝取能量食物，以維持自己的精力與活力。

召喚麋鹿的時機

- 你覺得有人不尊重你。
- 你正在參與一項需要強大的精力與耐力才能完成的計畫。
- 你與異性相處的時間過多，需要獲得同性朋友間才能產生的認同。
- 你需要額外的力量，來處理超乎時間與精力所能負荷的要求。
- 你需要一些「戀愛魔法」來吸引愛情的到來。

如果麋鹿是你的力量動物

- 你非常獨立，喜歡憑藉自己的力量，而非借助他人的幫忙。
- 你天生帶有皇室尊貴的氣質。
- 雖然你很重視自己的獨立性，但也很在乎團體生活。
- 你偏好與同性相處（不論你的性別取向為何）。
- 你是個意志堅定的人，一旦下定決心，就會貫徹到底。

066 鴯鶓 Emu

鴯鶓出現的意義

- 你一直很期待進行一場冒險或朝聖之旅，現在可以好好規劃，付諸行動。
- 讓自己盡情探索最近感興趣的任何事物。
- 對於你近期一直感到好奇的事物，現在是投入其中的好時機。
- 你將意識到一股強烈、和諧、可提供養分的陽剛能量，在你體內萌生。
- 現在進入了適合活動與移動的階段，你開始覺得自己坐不住，想四處去看看。
- 對新的事物和機會保持開放的態度，願意拋開對於新事物既定的觀念和評價。
- 盡力讓自己用一種輕鬆、詼諧的態度看待人生。

召喚鴯鶓的時機

- 你被一成不變的生活所束縛，感到厭煩，渴望出去冒險，探索新的地方。
- 你是單親家長，希望能平衡陰柔與陽剛的兩種能量，讓自己在負起養育責任時能夠維持理智的狀態。

- 你與伴侶的關係停滯在既有的慣性中，但你還是想與對方在一起，所以想要激起一些火花。
- 你渴望找到在靈性追求上志同道合的夥伴。
- 所有的一切都讓你感到沉重、很有壓力，你想擺脫那種感覺。

如果鷸鵲是你的力量動物

- 你是一個喜歡四處流浪的人，也對這樣的生活方式感到很滿意。
- 你喜歡在一個地方短暫停留，沒有任何想安定下來的渴望。
- 你性格活潑、閒不下來，也由於天生的好奇心，什麼事都願意嘗試看看。
- 在親密關係中，縱使你忠於你的伴侶，也很享受伴侶關係帶來的穩定感，但你仍容易感到焦躁或不滿。
- 你喜歡與志同道合的人一起靈性修行。

067 隼 Falcon

可參考 P.229 鳶

隼出現的意義

- 下決定之前，先後退一步，從更廣闊的角度對此進行觀察與思考。
- 你眼前有個機會，不過，要有耐心，並聽從自己的直覺去決定何時該採取行動。
- 仔細觀察身體和周遭環境的自然律動，看看自己能從中學到什麼。
- 無論你此刻下了什麼決定，一旦做出選擇，請忠於自己的承諾，並全心投入。

—— 如果是紅隼（Kestrel）

- 運用你的心智能力與頭腦，來解決目前正在處理的情況。
- 專注於自己想要的，而不是那些不想要的，並為此制訂策略。

—— 如果是遊隼（Peregrine Falcon）

- 迅速採取行動，追求自己的目標。
- 讓自己變勇敢，願意面對任何威脅或嚇到你的事物。
- 此時，請特別注意自己的健康，堅持食用健康、有機的食物，並生活在健康的環境之中。

召喚隼的時機

- 你讓自己太靠近某個情況，因而看不清事情的全貌，你需要保持適當的距離，才能看得更清楚。
- 你正在為一項重要的工作制訂計畫和對策，需要一些支持與指引。
- 你不確定要繼續前進、後退還是靜止不動，你正在等待明確的信號告訴你該怎麼做。
- 你正處於一個需要速度、敏捷和精準明確的情況之中。

如果隼是你的力量動物

- 你非常需要在視野廣闊的的地方居住或休息。
- 你是個很獨立的人，需要很多時間獨處。
- 你很機智、有外交手腕，是個敏銳的戰略家，自然而然地喜歡上能夠運用這些才能的工作。
- 你是熱情且專注的人，有出色的集中力，不會被外界打擾而分心。
- 你非常敏捷且靈活，能夠在極小的空間停下然後迅速轉換方向——一切動作都如行雲流水般地自然流暢。
- 儘管你很有耐心，但是當你確定自己想要什麼，就會毫不猶豫、果斷明確地去追求。

068 雪貂 Ferret

可參考 P.412 黃鼠狼

雪貂出現的意義

- 不要猶豫，好好利用任何出現在你面前的機會。
- 預先儲備在不久的將來，可能需要的糧食或補給。
- 抱著趣味、輕鬆的心情，對一切事物持保留態度。
- 靜靜地坐著觀察一下，你會發現別人看不見的祕密或隱藏在你周遭的東西。
- 特別留意自己的直覺，它會告訴你什麼該做、什麼不該做。

召喚雪貂的時機

- 無論你在做什麼，你都需要專注於眼前事物，不能分心。
- 你對生活中的某些事感到困惑與迷茫，希望能了解它們。
- 你覺得有事情出了差錯或不太對勁，但不確定是什麼。
- 你陷入困境，需要力量與必要的資源來度過難關。

如果雪貂是你的力量動物

- 你是個開心且有趣的人，對事物充滿強烈的好奇心。
- 面對任何情況時，你幾乎都能做好充分的準備。
- 你把自己的家打造成讓你舒服自在、安全與充滿養分的避風港。
- 你非常熱愛運動，行動敏捷且靈活，喜歡各種體育活動。
- 你的直覺敏銳，無論是外顯還是隱藏的情況，你對周圍發生的一切都非常敏感。

069 紅鶴 Flamingo

紅鶴出現的意義

- 避開音量過大、嘈雜的活動，遠離任何混亂或瘋狂的情況。
- 內省時，要對自己無比的誠實，看看自己是否有遵從內心的真理。
- 在飲食中增加大量含有β-胡蘿蔔素的蔬菜，例如胡蘿蔔、花椰菜和菠菜。
- 對問題採取行動之前，運用縝密、邏輯的思考判斷，來平衡你從生活中或依據直覺所取得的資訊。
- 你將自己與外界隔絕太久了，該去尋求他人的陪伴和友誼。

召喚紅鶴的時機

- 你被通知進行一場表演或一次試鏡，希望能盡全力完成。
- 你參與了一場有很多人出席的活動，覺得相當緊張。
- 你想要篩選出在生命中，與你的人生觀及情感深度相符或不相符的人或事。
- 你深受某人吸引，或者是正在認真追求對方，願意為彼此慢慢建立一段親密關係。
- 你的心（在生理上或情感上）需要接受治療／療癒。

如果紅鶴是你的力量動物

- 你享受社交活動，喜歡與一大群人在一起，所以你不太習慣獨立生活或是獨處。
- 你比較屬於追隨者而不是領導者，因此你必須注意自己追隨的對象或事物。
- 你具有改變外形的能力，所以你可以成為出色的演員或表演者。
- 你非常知道如何篩選生活中的人或事，並且能夠與充滿愛心的人維持良好關係。

070 狐狸 Fox

狐狸出現的意義

- 相信直覺，多注意你身邊的人，可能有人想要陷害你。
- 相較於為了公平正義而直接面對問題，此刻對你來說，智慧與謀略比較有用。
- 讓自己留在幕後發揮影響力，而不是直接成為領導者的角色。
- 最好默默地融入環境，暗中行動，隱藏自己的意圖。
- 突破社交圈，更自由地表達自己。
- 聽見與傾聽、看到與看清、感受與感覺——信任自己的感官，讓它們指引你。

——如果是北極狐（Arctic Fox）

- 不要受到別人對你負面言論的影響。
- 累積更多的資源，為未來鋪路。
- 以適當的行為及態度，來迎接季節的轉換。

——如果是灰狐（Gray Fox）

- 現在最好低調行事，避免出風頭。

—— 如果是敏狐（Kit Fox）

- 直接說出你知道的真相，不需任何解釋或限制。
- 展現你的恆心、勇氣和正直。

—— 如果是赤狐（Red Fox）

- 善用手邊可取得的資源，保持靈活與良好的適應力。

召喚狐狸的時機

- 你正面臨一個無法解決的難題，即使你勇於面對，到目前為止仍然沒有任何效果。
- 別人正在放大檢視、觀察你，這種方式讓你覺得很不舒服，你想要不著痕跡地融入其中，以避免引起關注。
- 你發現自己必須擁有快速的思考力及行動力，才能處理當前的狀況。
- 此刻的你需要圓滑機智、交際能力與智慧。
- 你要捍衛自己，但不希望發生衝突，因而想要用圓融的手段、偽裝掩飾或內在智慧來處理事情。

如果狐狸是你的力量動物

- 你是夜貓子，眾人沉睡的時候，正是你最有生產力和創造力的時刻。
- 你是敏銳的觀察者，總是默默觀察大家，注意到那些被提起和沒有被提到的事情，因此你通常能知道接下來會發生什麼事。
- 你是稱職的家長，或是擁有父母的形象，對待孩子總是用心栽培、認真呵護、盡心盡力。
- 你很輕易就能融入環境而不被察覺，由於你能夠調整自己的肢體語言、聲調與衣著外觀，認識你的人在第一眼可能認不出你。
- 你能夠用難以理解卻很有創意的方式解決問題，令人印象深刻。

071 青蛙 Frog

青蛙出現的意義

- 如果你在白天聽到青蛙的叫聲，代表很快就會下雨。
- 進行一次全身的清潔與淨化，為身體排毒。
- 進行一場情緒淨化，真正去感受自己的情緒，盡情大哭一場，好好清理與釋放所有的情緒毒素。
- 歌唱或大喊能平衡你的情緒，讓心情平靜下來，與神性連結。
- 你正進入豐饒與富足的時刻。
- 現在即將展開一場緩慢而穩定的轉變過程，為你除舊布新。

召喚青蛙的時機

- 你要開始清理那些不再適合你目前生活的人、空間和事物，準備認清自己是誰。
- 你正處於人生中的一場變動，不論大小，你都需要精神上的支持與力量，讓你能以流暢優雅的方式來度過。
- 你正計畫對家裡、辦公室或特定空間進行一場淨化和祝福的儀式。
- 要你對某人誠實地說明你的想法、感受或意見時，你會感到膽怯或猶豫。

- 你單純地覺得自己籠罩在負面狀態中，並且想要清理乾淨。

如果青蛙是你的力量動物

- 你是一個非常感性且富有同情心的人，很會用文字和行動表達深刻的感受。
- 你的聲音，特別是歌聲，有時可以勾起人們深刻的情緒，同時還能撫慰所有人的心情。
- 對其他人而言，你一開始看起來很有距離感，然而撇開原本的第一印象之後，他們就會發現你深厚高尚的品格。
- 在工作上，你的進度似乎相當緩慢而且很難起頭，不過一旦開始之後，你就會堅持下去並完成它。
- 你喜愛探究古老神祕的事物，尤其是魔法。

072 瞪羚 Gazelle

可參考 P.40 羚羊

瞪羚出現的意義

- 聽從自己的直覺去回應你正在擔心的情況，然後趕快進行，不要拖延。
- 現在並非強出頭、讓自己成為焦點的時候，先假裝安靜，退居幕後。
- 為了體現你看見的未來，在這段安逸無事的時期，你必須先忍耐枯燥乏味一段時間。
- 你的靈性追求之路將會有突飛猛進的成長。
- 你的道路將幾經曲折、一路蜿蜒，但每一處轉折都將與你的靈魂目標一致。

召喚瞪羚的時機

- 你需要耐力與決心來度過一段情感與物質缺乏的時期。
- 你正在等待某個畫面或靈感，告訴你下一步該怎麼走。
- 你躲了很長一段時間，現在已準備好在公開場合露面，進行社交活動。
- 你的生活最近有些漫無目的，你想了解這樣四處遊蕩的意義。

如果瞪羚是你的力量動物

- 相對於一天吃三頓大餐，你比較傾向少量多餐。
- 你的動作和緩、從容、優雅，不過，你在需要時仍能迅速做出反應。
- 有時你會出現一些相當強烈且內容詳細的預知或夢境，這也是在提醒你要將它們展現出來。
- 你有做事半途而廢的傾向，這只會為你帶來更多的工作量。
- 你的生命軌跡比較像是定期進行一些漫無目的的遊蕩，然後在一大段時間之後，你便會朝著特定的方向平穩地前進。

073 壁虎 Gecko

可參考 P.249 蜥蜴

壁虎出現的意義

- 仔細注意你的夢境，並且把它們記錄在本子裡，每天早晨花些時間思考並寫下它們的意義。
- 當你身處於矛盾之中，溝通時要清楚表達自己的要求，對於你願意與不願意做的事都要堅持。
- 如果你嘗試理解某人或解決某個問題很多次了，卻一直無法成功，最好的方式就是放手，脫離這種處境。
- 不要猶豫，站出來把想說的話說出口，也不要因為害怕別人的否定而先退縮。
- 唱歌與吟誦對你都很有療癒功能。
- 進入自己的內心，在那裡待一陣子，從中獲得靈性的滋養。

召喚壁虎的時機

- 面對目前的情況，你需要不同的觀點。
- 你反覆做著同一個夢，夢境很生動，就好像真實發生一樣，你想了解其中的意義。
- 你身處於矛盾之中，事情一直沒有解決。

- 你覺得自己要說的話很重要，但是你現在很害怕，不敢站出來發聲。

如果壁虎是你的力量動物

- 你是個觀察深入、很有洞察力的人，能夠解讀與了解他人的夢境與看見的影像。
- 你很友善而且討人喜歡，能夠和每個人相處，不過，如果有人惹到你，你也會快速且尖銳地回應。
- 你很積極，而且一向今日事今日畢。
- 面對任何糾紛或爭執，你都相當善於溝通協調。
- 你絕對更喜歡住在天氣比較溫暖的地方。
- 你能夠理解他人的觀點，富有同理心。

074 長臂猿 Gibbon

長臂猿出現的意義

- 趁現在把你的足跡拓展到新的領域，就算你覺得很有挑戰性，還是應該去深度探索任何激起你興趣的事物。
- 無論你是否察覺，你的家庭現在需要你一心一意的關注。
- 大膽嘗試，去完成你總是認為自己做不到的事。
- 花點時間去外面走走，在林間散步，一路上可以走走停停，欣賞路邊的樹，甚至可以爬樹消遣一下。
- 早上醒來第一件事可以試著唱唱歌、吹吹口哨，以此開啟不同的一天。
- 花些時間、金錢或勞力，向那些瀕危動物的救援組織貢獻一份心力。

召喚長臂猿的時機

- 你正在處理一個需要花費很長時間的新專案，然而你對此感到有些不確定。
- 你的內心有些恐懼，不想直接面對這件事，想從旁繞過去。
- 你覺得自己很孤單，需要一些陪伴。

- 你對許多不同的事物及活動感興趣，但不知道要選擇何者。
- 你總是從一段關係跳到另一段關係，現在，你在思考自己應該定下來，還是暫時不要約會。

如果長臂猿是你的力量動物

- 你有著令人羨慕的絕佳能力，總是能快速抓住且充分利用出現在你面前的機會。
- 你很重視家庭，不論是有血緣的家人，還是你視為家人的密友，你都非常享受、沉浸在家人間的連結與互動。
- 你的生命中有些循環：你會從一個興趣跳到另一個興趣，而且在其中任何一項都不會停頓太久。
- 你常常人未到、聲先到，你的歌聲或音量會讓大家知道你的到來。

075 鈍尾毒蜥 Gila Monster

可參考 P.249 蜥蜴

鈍尾毒蜥出現的意義

©Tim Flach/Stone/gettyimages

- 感到疑惑的時候，給自己一點耐心，好好等待。
- 保留自身的精力和資源，切勿不加思索地隨意耗用。
- 現在不是開始新計畫或拓展生意的時候，要等待合適的時機。
- 留意自己的生理時鐘，並盡量調整平常的生活習慣來配合你的生理時鐘。
- 開始任何事情前，確保已做好充足準備，才能獲得真正的成功。
- 進行為期幾天的斷食淨化，如果身體允許的話，可以徹底斷食，只攝取水分。

召喚鈍尾毒蜥的時機

- 距離終點還有漫漫長路，你需要調整自身的節奏。
- 有人對你進行言語上的攻擊，你想捍衛自己。
- 你正在應付一個武斷又自以為是的人。
- 現在的資源短缺，你需要支撐住自己。
- 你不確定現在是否適合展示最新的創作與他人分享。

如果鈍尾毒蜥是你的力量動物

- 一天之中，清晨和傍晚是你狀態最好的時段。
- 你不疾不徐，行事謹慎，不會讓自己一下子負荷過重。
- 你能夠利用稀少的資源完成很多事情，只需少量的營養就能支撐很久。
- 你不會讓外界干擾你，能輕易轉移外界的批評與負能量。
- 春季是你活動力和創造力最旺盛的季節，你通常會在此時開始進行長期的規劃。

076 長頸鹿 Giraffe

長頸鹿出現的意義

- 對於你目前在處理的事情，請保持警覺、充滿信心，相信自己的直覺。
- 你還要再努力一點，不過你終會實現目標。
- 留意已經浮上檯面的機會。
- 在此刻的情況下，最好不要倉促行事。
- 花點時間陪伴家人與朋友。
- 不論是專業關係還是人際關係，用心讓自己成為更好的傾聽者，在溝通中清楚表達自己的意見。

召喚長頸鹿的時機

- 你擔心某個事件或關係的結果，希望能窺見未來的發展趨勢。
- 面對他人時，你容易緊張、脾氣暴躁，希望自己可以放輕鬆、友善一點。
- 你內心有明確的目標，但卻猶豫不決，無法採取行動。
- 你發現自己停滯不前且過度自滿，失去生活的方向。
- 你覺得自己過度沉迷於物質世界，而且短視近利，這讓你失去了靈性的力量，看不清楚前方的道路。

如果長頸鹿是你的力量動物

- 你有預知的天賦，能夠從夢境、幻象、想法或徵兆中預知未來。
- 相較於正式的活動，你更喜歡跟朋友進行隨興的交流。
- 你的溝通能力很好，最主要的原因是你能夠認真傾聽。
- 你能輕易地在靈性生活與物質生活中取得平衡。
- 只要是吸引你的事物，儘管有風險，你都願意嘗試。

077 牛羚 / 角馬
Gnu / Wildebeest

可參考 P.40 羚羊

牛羚出現的意義

- 你想要做出一些重大的改變，現在，就從清單裡的前兩項開始執行吧！
- 無論你是否知道自己要進行一場靈性的朝聖之旅，這趟旅程都能滋養你的靈魂。
- 運用自己的感官與本能反應來決定何時前進、何時後退。
- 改變自己肢體語言，例如手勢、姿態、聲音和你的一舉一動，讓自己的樣貌有所不同。
- 你將迎來戲劇性且意想不到的變化，這會讓你擁有更富足的生活，對自己的任務也更加清晰。
- 你知道自己是富足的，而且願意慷慨分享。
- 加入與你氣味相投的團體，或是定期參加小組活動，進一步認識其中的成員。

召喚牛羚的時機

- 你的生活一直停滯不前，你想嘗試改變，卻不清楚要改變什麼。
- 你想後退一步，回顧剛剛發生的一切。

- 你正在進行公開表演。
- 你想為自己的生活創造豐盛與財富。

如果牛羚是你的力量動物

- 你經常尋找新的冒險或是可以探索的地方。
- 你是一個觀察者，不斷地讀取周圍環境的景象、聲音和感覺。
- 你能夠有效運用自己的全身，來清楚表達訊息。
- 你參與表演藝術，不論是作為協助人員還是專業表演者。

078 山羊／雪羊 Goat / Mountain Goat

山羊出現的意義

- 謹慎地辨別自己的人際關係，比起理性和邏輯思維，要更信任自己的感受和直覺。
- 不要再做徒勞無功的事，別白費力氣跟不可理喻的人溝通。
- 不要害怕展現自己的脆弱，儘管開口去尋求你所需的幫助。
- 持續一步一步朝向你的目標前進，相信自己可以克服任何阻礙，就算不小心失足，也定能逢凶化吉。
- 花點時間在戶外，讓自己沉浸在大自然之中，這對你非常重要。
- 你的性欲很強，讓它以各種有創意且無害的方式發洩出來。

召喚山羊的時機

- 某人正在批評或否定你，你想要消除對方的敵意。
- 你在情緒、身體、心理或靈性上，感覺自己其中一個方面失衡了，你想要重回平衡的狀態。
- 你對於自己的工作與人際關係太過嚴肅。
- 你正要開始一項新計畫，內心卻覺得這項計畫太龐大，難以啟動與實現。

- 好好伸展自己，去實現你一直在考慮的目標，而且不論出現什麼障礙，你都有把握可以克服。

如果山羊是你的力量動物

- 你是特別勤奮的人，擁有高度的職業道德。
- 立下目標後，你會展現強大的決心和耐力去達成。
- 你十分認真、專注，願意扛起他人不敢進行的工作。
- 你很能駕馭人生中的自然波動和循環，從容度過生命中的高峰和低谷。
- 即便你相當重視物質生活，你仍與神性保持一定的連結。

079 鵝／雁 Goose

鵝出現的意義

- 現在是幸運的時刻，接受並感謝身邊發生的美好事物。
- 召喚先人，並請求他們給予引導與保護。在你執行之後，你會發現自己的靈性意識大幅提升。
- 重讀一些你喜愛的童話和傳說，從成人的角度，看看自己能獲得哪些新的意涵。
- 創作富有創意與想像力的故事，無論是親身經歷或虛構的都可以。
- 儘管看起來並非總是如此，但你確實受到很好的保護。

—— 如果是加拿大鵝（Canada Goose）

- 放下拘束，盡可能地大聲唱歌或吟誦。

—— 如果是雪雁（Snow Goose）

- 你將前往一個熟悉的地方旅行，你很久沒有去那裡了，這次你會用全新的視角看待那個地方。

召喚鵝的時機

- 你想通過內在小孩的視野，重塑童年夢幻與奇妙的本質。
- 你正計畫前往某個神聖的地方，進行靈性的朝聖之旅。
- 你即將結婚或者建立新的關係，想要讓自己的承諾更加穩固。
- 你和伴侶希望有一個孩子。

- 你需要一些靈感來進行一項創意計畫。

如果鵝是你的力量動物

- 傳統價值與祖上傳承對你很重要，因此你會定期紀念祖先。
- 你大部分活動的範圍集中在家裡、社區、學校或教會宗廟。
- 你喜愛旅行，主要是去熟悉的地方，但每年旅行的次數不超過一次。
- 你非常保護自己的孩子與自己的領域，如果受到威脅會予以反擊。
- 對於在地球上的生活，你擁有與生俱來的智慧，知道如何充分利用情勢。

080 地鼠 Gopher

地鼠出現的意義

- 看穿表象，探究你原本以為是事實的背後真相，尤其在牽涉到另一個人的時候。
- 就算你的櫃子已經裝滿東西了，為了讓自己有安全感，把櫃子塞滿食品與飲用水仍是不錯的想法。
- 你要為自己的成長負責，例如你的成就、錯誤，以及最重要的——你所做的選擇。
- 為了向前邁進，你偶爾會需要不時地後退幾步，但你知道整體而言，仍是朝著目標前進。
- 如果你近兩年不曾進行眼睛檢查，請盡快就醫安排檢查。

召喚地鼠的時機

- 你覺得自己的感覺被切斷了，有點麻木，想要重新喚醒自己的感官。
- 你參與了一項複雜的專案，需要迅速與敏捷的反應。
- 你需要理解各個部分的關聯，才能解決困擾你的問題或難題。
- 你需要遠離所有噪音，找到一個能放鬆身心、享受寧靜的地方。

- 你正在栽培一座花園，不希望它受到任何干擾。

如果地鼠是你的力量動物

- 正如優秀的男、女童軍，你總會為可能發生的事情做好準備。
- 你對振動非常敏感，將這些振動當成體內感受的指標，成為你直覺與智慧的泉源，指引你做出選擇。
- 你喜歡動手製作東西，而且愈精細愈好。
- 你對吵雜、刺耳的噪音非常敏感，所以你會嘗試在沒有這些干擾的地方居住與工作。
- 你喜歡挖掘各種趣聞報導並且保存起來，以備有朝一日能派上用場。

081 大猩猩 / 金剛 Gorilla

大猩猩出現的意義

- 清晰簡潔的溝通非常重要，你要仔細地聆聽，謹慎且清楚地表達。
- 「尊重自己」──這對目前的你非常重要，並且要將這份尊重，延伸到與你接觸的每個人。
- 一位睿智、博學、謙虛的人生導師，即將走入你的生活之中。
- 你即將體會到自己增強的遙聽能力，仔細接收你所聽到的訊息與信號。
- 採取一些環保行動，例如資源回收，或是以其他方式清理環境。

召喚大猩猩的時機

- 你要讓自己更強壯，以便保護他人。
- 你感到孤單，想要和你關心的人們有更多往來。
- 你花太多時間待在室內，覺得自己缺乏與大自然的連結。
- 你因為思緒太多或過度忽略自己的身體，開始感覺整個人支離破碎，很不穩定。

如果大猩猩是你的力量動物

- 儘管別人可能會覺得你看起來很可怕，但其實你很有禮貌、個性溫和且富有同情心；有真正威脅到你或家人的時候，你才會變得凶悍暴躁。
- 你對家庭與所愛的人相當忠誠，很有保護欲。
- 你帶有一種威嚴又高尚的氣質，卻毫無一絲傲慢。
- 你喜愛社交生活，沒有人陪伴的時候甚至會感到失落。
- 你的觀察力很敏銳，對於看過和聽過的事物有超群的記憶力。

082 蒼鷹 Goshawk

可參考 P.196 鷹

蒼鷹出現的意義

- 帶頭領導，而不是等待別人來領導你。
- 你會以各種不同方式，比過去更加深刻地感受到靈性力量的存在。
- 儘管一路上遇到各種曲折，你仍要專注在自己的目標上。
- 不要讓自己困在日常行程中，目前的情況需要靈活度與優雅的態度，聽從靈性的指導，一切將迎刃而解。
- 如果你能清楚看見自己想要的東西，你就能獲得它。
- 無論是身體、心靈還是精神，你所吸收攝取的任何東西，都應該尋求多樣性與成分純淨。

召喚蒼鷹的時機

- 你正面臨一項挑戰，需要極大的敏捷度與靈活度。
- 你需要留意某件事或某個人，而你不想被任何事情分心。
- 你對目前的計畫毫無頭緒，進行得很不順利，你決定接下來要聽從自己的直覺。
- 你有很強烈的動機想擁有與享受簡單舒適的生活。
- 你可以看見前方的路充滿曲折。

如果蒼鷹是你的力量動物

- 你非常有魅力，帶有一股神祕感，別人很容易被你吸引。
- 你的前世可能是皇室、高階的神職人員或是某種領袖。
- 你擁有遙視的天賦，能夠看見大多數人看不見的事物。
- 無論什麼任務，你都能謹慎、精確並完美地執行。
- 你可以隨時隨地集中注意力，一絲不苟地執行任務。

083 大角鴞 Great Horned Owl

可參考 P.300 貓頭鷹

大角鴞出現的意義

- 更加堅定地要求他人給予你應得的尊重。
- 無論眼前的工作為何，都要以熱情、無畏與堅決的態度去面對。
- 當別人與你溝通時，仔細觀察對方沒有說出口的部分，從他們的肢體語言和聲音特徵（例如音量、音調與語調的變化），來理解對方的弦外之音。
- 目標一旦確立之後，就要堅持不懈地朝其邁進。
- 以勇敢無畏的態度去面對你原本恐懼的事物。

召喚大角鴞的時機

- 你懷疑有人欺騙你，但又不是很確定。
- 你處於需要捍衛己見並且為自己發聲的情勢當中。
- 你感覺有人正在侵犯你的個人空間或領域
- 你覺得自己說話的語氣太單調，希望練習改變自己的說話方式。

如果大角鴞是你的力量動物

- 你表現出一種高貴與超然的氣質，有些人因此覺得你很傲慢。
- 雖然你沒有侵犯別人的意圖，但是他人有時會覺得受到你的威脅。
- 你有很強烈的目標導向，一旦想要什麼，就會毫不猶豫地全力以赴。

- 你會毫無怨言地立即適應各種情況或是你所居住的環境。
- 你有絕佳的聽力與視力，事實上，你可以看穿人們外表的面具和角色，聽見他們沒有說出口的話。

084 鸊鷉 Grebe

鸊鷉出現的意義

- 依循自己的渴望，不以取悅他人為目的，創作出純粹表達自己的藝術作品。
- 讓自己沉浸在有創意的計畫之中，不過，記得要時不時地探出頭來，呼吸一下新鮮空氣。
- 你的夢境可能變得愈加生動真實，或許你也會做一些清醒夢，記得將這些夢境寫在本子上，記錄下來。
- 你的通靈與直覺能力正在增強，要對守護靈的拜訪保持開放的態度，好好接收靈性世界的訊息。
- 要對自己有信心，你能夠掌控好任何強烈的感受與情緒。

召喚鸊鷉的時機

- 你無法控制自己的情緒，常常發脾氣。
- 你準備好釋放被自己一直壓抑的創造力。
- 你覺得自己不在適當的位置上，需要轉換環境。
- 你出現消化不良的情況，並懷疑這跟你的情緒失衡或創意遭到壓抑有關。

如果鷿鷈是你的力量動物

- 你要待在一個能支持你的個性與靈魂的地方，才能感到自在、放鬆。
- 你很有創意也具有藝術天分，喜歡漫步在自身夢境與潛意識的流動之中。
- 你非常有愛且富有同理心，是對孩童關懷備至的父母或照顧者。
- 你喜歡逐水而居，熱愛從事任何水上活動。
- 你是個善體人意又情感豐富的人，雖然有時候會情緒化，但你知道何時該表達自己的感受、何時該收斂情緒。

085 土撥鼠 / 美洲旱獺 Groundhog / Woodchuck

土撥鼠出現的意義

- 你即將投入一門新學問的研究，需要花費大量的精力，然而這一切都會值得的。
- 仔細觀察近期的夢境，看看自己能否分辨其中的意義。
- 你即將經歷一段重啟的歷程，一場死亡與重生的循環，最終將出現一個全新的自我。
- 隨著你嘗試改變自身的意識狀態，你將感受到這些經驗一次比一次來得強大有力。
- 清楚且直接了當地表達自己的原則和界線。

召喚土撥鼠的時機

- 你即將靜養一段時間，讓自己好好休息，恢復精力。
- 你對於死亡與臨終過程很感興趣，或許想投入某種臨終關懷的工作。
- 你想研究神祕術法或薩滿活動。
- 你想藉由調整呼吸來減緩代謝，以便讓自己進入最深層的冥想狀態。

- 你做了很多夢，需要一些協助來了解這些夢境的意義。

如果土撥鼠是你的力量動物

- 你很熟悉如何在夢境中保持意識清醒，因此能夠在睡夢中有意識地主導夢境。
- 你很熱衷於學習死亡和臨終過程的相關知識，但沒有到病態著迷的程度。
- 你的家裡非常整潔乾淨、有條不紊，而你也相當謹慎，不會隨意與他人分享你的空間。
- 你的能量週期在春季和夏季會達到最高峰。

086 松雞 Grouse

松雞出現的意義

- 拉上窗簾，打開音樂，拋開束縛，讓你的身體隨著音樂節拍自由、隨意地擺動。
- 研究神聖螺旋形（Sacred Spiral）及其與高等意識的關係，找出它對於你現階段人生的意義。
- 你正逐漸擁有自己的力量，這股力量源自萬物之源，它將透過你、從你自身表現出來。
- 進行一場充滿鼓聲與舞蹈的神聖典禮，表達對靈的尊敬。

── 如果是披肩松雞（Ruffed Grouse）

- 律動與動作會為你的身體注入新的能量。
- 跳舞和／或打鼓的時候，專心想著希望改變或顯現的事物，清楚自己這麼做的意圖，然後在接下來幾天觀察結果。

── 如果是艾草松雞（Sage Grouse）

- 在家中找一個空間作為神聖領域，製作一個聖壇，在這裡冥想、進行儀式、跳舞和擊鼓。

- 花幾分鐘繞行跳舞——繞著圓圈或螺旋狀跳舞，像苦行僧的方式以順時鐘或逆時鐘方向進行。

召喚松雞的時機

- 你覺得肢體僵硬，需要放鬆筋骨。
- 你覺得自己的活力和性欲正在衰退，想要提高自己的欲望與表現。
- 你想要透過律動與節奏，來重啟自身對神聖的感受。
- 你覺得很擁擠，想要建立自己的個人空間或領域。

如果松雞是你的力量動物

- 你是天生的薩滿，只需正確調頻，就能開啟這份天賦能力。
- 你很獨立，事實上，你偏好獨處勝過他人的陪伴。
- 你對於自然界的生命週期，以及地球上的日、月週期等節律擁有敏銳的感知，並且經常以儀式去禮拜這些自然週期。
- 你是保護欲很強的父母，如果沒有孩子，你對他人也會有同樣的保護欲。
- 隨著年紀增長，你會愈來愈熟悉其他維度空間與不同型態的真實。

087 鷗 Gull

請見 P.358 海鷗

088 野兔 Hare

可參考 P.330 兔

野兔出現的意義

- 不論你在進行什麼計畫，要迅速行動並保持靈活變通。
- 當心想要捉弄或欺騙你的人。
- 在一場投資事業或一段關係中，你可能還在自欺欺人，而忽略顯而易見的警訊。
- 留意月亮循環的週期，讓自己的行為與週期一致，配合月的圓（主動積極）和缺（釋放接納）。
- 近期內，你需要在方向上做出一些迅速且意料之外的改變。

召喚野兔的時機

- 你所處的情況要求你必須具備速度與強健的體魄，以便快速與機智地做出選擇。
- 你需要為一些突發事件做出應變，而且無法事先溝通好接下來的行動。
- 你的直覺告訴你，眼前出現的這個機會再好不過，但動作要夠快才能搶得先機。
- 你的生活中，出現了一個你不知道能不能信任的人。

如果野兔是你的力量動物

- 你相當敏感，擁有藝術創作的天分。
- 你傾向獨來獨往，享受獨處，多人聚會讓你感到焦慮，所以你會逃避社交活動。
- 你是個很有野心的人，會以驚人的速度取得成果。
- 你很會惡作劇，常用自己天生的口才去愚弄他人。
- 你很堅決地捍衛自己的領域與維護你的個人空間。

089 鷹 Hawk

可參考 P.184 蒼鷹、P.294 魚鷹

鷹出現的意義

- 你太過於專注細節，退一步才能看見事情的全貌。
- 保持警覺與專注於眼前的任務，盡可能排除讓你分心的事物。
- 花一些時間觀察與研究目前的情況，一旦時機成熟，便快速果斷地採取行動。
- 注意周圍環境，你即將收到重要的訊息。
- 仔細察覺任何對於你身、心的攻擊，準備好防衛自己。
- 不要再試圖改變他人或現況，相反地，讓自己去接受事情的原貌。

召喚鷹的時機

- 你陷入情緒起伏之中，失去了判斷力。
- 你的計畫不如預期，其中的許多曲折讓你難以接受。
- 你身處於相當緊張的專案之中，需要長時間保持警覺與專注。
- 你遭受嚴厲的批評或精神上的打擊，需要為自己辯護。
- 你感到沮喪和無助，想要打起精神。
- 周遭環境捎來相當獨特的訊息，你希望辨別出它們的涵義。

如果鷹是你的力量動物

- 你善於詮釋自然界的徵兆與預兆，不論是祝福還是警告。
- 你總是輕鬆應對生命的流動，不會常常鼓起羽毛發脾氣，除非你碰到特殊情況，需要用某種方式來保護自己。
- 你很照顧家庭，並且保護你的家人。
- 你熱愛自由、不受拘束，但是，一旦有了伴侶，你會變得非常忠誠可靠。
- 你很有見識，人們會尋求你睿智的忠告與建議。

090 刺蝟 Hedgehog

刺蝟出現的意義

- 無論現在發生什麼事，都要盡全力享受自己的生活。
- 從日常公事中抽出一、兩天，為自己的身心充電。
- 目前是相當豐饒、富創造力的時刻，可以用令人愉悅的藝術性方式來表現自己。
- 無論你是男性或女性，你與古代的女神能量都有著強大的連結。
- 一有機會，就讓自己利用種植和園藝，去接觸大地的土壤。
- 此刻正適合你去實踐自己與生俱來的好奇心，去聽從突然萌生的想法、直覺給你的指引或是內心的暗示，用以滿足你的好奇心。

召喚刺蝟的時機

- 你希望能準確預測接下來幾週的天氣變化。
- 你想要獲得保護與屏障，讓自己不受嚴厲批評或負面評價的影響。
- 你最近情緒不好，把脾氣發在某個你所愛的人身上，現在想要向對方道歉，也希望自己能更敏感一點。

- 你想探索一下自己住的鄰里與社區，想要更認識這裡。

如果刺蝟是你的力量動物

- 你個性溫和、聰明，而且很會照顧別人。
- 人們很期待從你身上獲得明智的建議，如果你是一名女性，你便是大家心目中優雅成熟與謙和有禮的典範。
- 別人不太能理解你的全貌，所以有時候你會有種被大家拋棄的感受，直到你想起自己的獨特之處，且樂於接受真正的自己，才會有融入的感覺。
- 你會在自己的一方土地上，享受一些園藝或植栽的生活。
- 當你進入一個空間之後，不管別人有沒有注意到你，他們都會察覺到你的存在。
- 無論你有沒有說話，你身旁的人都會逐漸被你的本質所吸引，對你產生好感。

091 蒼鷺 Heron

可參考 P.148 白鷺鷥

蒼鷺出現的意義

- 機會正在緩慢地靠近，你要充滿熱情，奮起直追，把握機會。
- 直面極具挑戰性的情況之後，你會發現自己擁有從未意識到的強大天賦與能力。
- 如果一個方法行不通，就去嘗試另外一個，不要局限在單一的方法裡。
- 花一、兩天的時間不安排任何行程或計畫，只聽從內心直覺的聲音，可以是一天的活動、安靜的自我反省，或者兩者結合並行。

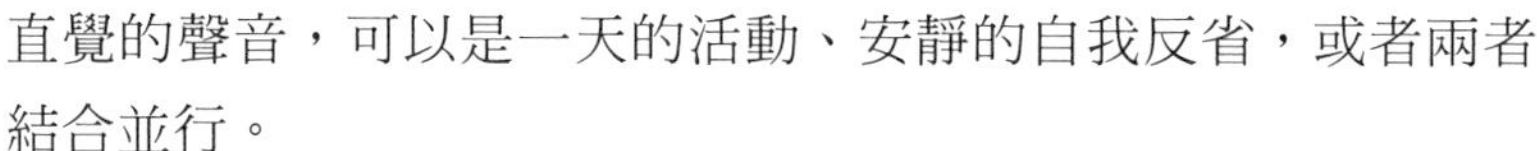

- 對自己的想法、感覺和行為擔起全部的責任，而不是責怪他人或環境。

── 如果是大藍鷺（Great Blue Heron）

- 花一些時間進行自我檢視，客觀沉著地反思自己的目標、動機、行動、感覺、優勢和有所局限的信念。
- 只有你知道什麼最適合自己，遵循自己內在智慧的引導，而非聽從他人的命令與壓力。

召喚蒼鷺的時機

- 你對眼前的機會做了一些研究，一切看起來很好，感覺也很對，但你還在猶豫是否要把握這個機會。

- 例行的日常生活讓你覺得很無聊，你想重新評估一下，做一些決定，並且採取行動。
- 你感受到內心有一股強大的渴望，想要擁有更多的自主權，讓自己能夠自食其力。
- 你在某件事情上嘗試了很多次，卻一直無法成功，所以你準備尋找其他的方法。

如果蒼鷺是你的力量動物

- 你對很多事都有所涉獵，是個萬事通，擁有各種不同的興趣，喜歡探索不同的事物。
- 為了看見自己內心的真實樣貌，你願意用超然的態度檢視自己。
- 你不拘泥於傳統，也不介意跟隨大家的腳步。
- 你能夠善加利用多數人忽略或沒有看見的事情或局勢。
- 你以一種相對鬆散的方式生活，看起來似乎缺乏穩定性與安全感，這是因為你很享受每天生活中不同的新鮮感。

092 河馬 Hippopotamus

河馬出現的意義

- 相信自己的直覺並採取行動，同時也要腳踏實地。
- 你的皮膚現在特別敏感，需要時可以用乳液保濕，長時間日曬時記得要防曬。
- 不要偏離自己的道路，這一點對你十分重要。要忠於自己，不要讓任何事情分散你的注意力。
- 去沉浸在你想要進行的創作藝術或創意工作之中，直到把作品完成為止。
- 保護好自己的藝術創作，不要讓任何人貶低或批評你的作品。

召喚河馬的時機

- 你懷疑某種欺騙的行為正在發生，你想知道幕後的真相。
- 你準備投入一個充滿挑戰、讓你非常興奮的專案之中，可讓你從中展現自己的藝術天分。
- 你準備進行深刻的自我檢視和靈性探索。
- 你全神貫注於某種深層的內在體驗，你需要抽身而出，回到現實世界。

如果河馬是你的力量動物

- 你能夠迅速了解人或事物表面下的真相。
- 你尊重真實的自己，也能坦然表現出來，並期望他人也能這麼做。
- 你以幾近信仰的方式遵循著生活中的慣例與習慣，所以如果受到干擾或影響，你會很不開心，而且非常沮喪。
- 你喜怒無常，所以你必須控制好自己的脾氣，將精力集中在具創造性的追求之上。

093 馬 Horse

馬出現的意義

- 你即將踏上意想不到的冒險之旅，而且，一旦開始，一切就必須快速進行。
- 是時候該擺脫生活中那些身體與情感上的束縛了。
- 你需要儲備精力與力氣，才能度過這場磨難。
- 你比自己想像的還要強大很多。
- 目前的情況需要強大的戰士能量，然後以敏感、耐心與同情心來取得其中的平衡。
- 你與家人、朋友或社群間的團隊合作，在此刻顯得非常重要。

——如果是白馬（White Horse）

- 你能夠保護自己免受任何負面或嚴厲的心理攻擊。
- 你被召喚，要求以冥想、預視探索或薩滿旅程，去探查其他的靈性領域或維度。

召喚馬的時機

- 外在環境或是自以為的局限把你自己限制住，阻礙了你。

- 你覺得自己是受害者，而且怪罪他人造成你目前的處境。
- 你有一股旅行的衝動，想要探索新的地方，但是對於採取行動心生疑慮與恐懼。
- 你現在的能量很低，需要提升自己的力量與耐力去處理眼前的任務。
- 你受到暗示，要你拓展與加強自己的靈性修行，但你不確定該怎麼做。

如果馬是你的力量動物

- 個人自由對你來說是最重要的，就算要犧牲別人對自己的認同也在所不惜。一旦有人想箝制你，你就會像馬一樣拱起背，將對方狠狠地摔下。
- 儘管你知道如何前往其他維度、進入不同的真實，你仍能好好處理世俗的事物與問題。
- 你對於獲得你信任的人非常忠誠。
- 你很喜歡四處探索漫遊，沒有特定的目標或行程。
- 你是天生的領導者，能喚起他人對你的信賴。

094 蜂鳥 Hummingbird

蜂鳥出現的意義

- 接下來的日子裡，你需要非常靈活地去應對人生中會出現的曲折與轉變。
- 在生活中增加一些快樂、甜蜜的情感——這是你所需的。
- 你正在經歷一場大幅敞開心胸的體驗，你將自然而然吸引愈來愈多的愛，進入你的生命當中。
- 對生命中重要的人，坦率公開地表達你的愛意與感受。
- 將花作為禮物送給自己，而且愈多愈好，把它們布置在家裡各個角落，在未來幾天好好欣賞花的姿態與芬芳。

召喚蜂鳥的時機

- 你情緒低落、悶悶不樂，想要放鬆玩樂一下，體驗更多的樂趣。
- 你發現自己處於負面或惡劣的環境中，你想保護自己，振奮自己的精神。
- 你覺得自己支離破碎、心煩意亂、沉浸在過去或未來，你想要讓自己更活在當下。
- 你對過去犯的罪過感到內疚或羞愧，想要讓自己擺脫這些感覺。

如果蜂鳥是你的力量動物

- 你很獨立，而且如果有人威脅到你的自主權，你就會逃走。
- 你充滿歡樂，經常抱持樂觀的態度，而別人也會受你所影響。
- 盡可能從事在戶外的工作，這對你的健康與精神狀態都十分重要。
- 你極度敏感，喜歡接近個性輕鬆且正向的人，而避開嚴苛或者負能量的人。
- 你可以在一瞬間從熱情變成冷靜，或者從親密到疏遠，讓別人搞不清楚你在想什麼。

095 座頭鯨／大翅鯨 Humpback Whale

可參考 P.414 鯨

座頭鯨出現的意義

- 利用接下來一年的時間，去探索聲音的使用與療癒力量。
- 對此刻的你來說，聽音樂跟玩音樂是絕對必要的。
- 你生命中有個重要的人，會鼓勵你去成就更高的自我，用自己最適合的方式去表現自身創造力。
- 去上一些聲音的課，這不只能對你的唱歌有所幫助，也會增加你的自信。
- 讓自己多多走入人群，不要讓恐懼阻止你這麼做。

召喚座頭鯨的時機

- 你迫切感受到自己必須為海洋做些事，以維持大海的清淨、不受污染。
- 你即將進行長途航程或開啟一趟靈性朝聖，地點可能在海上。
- 你考慮把歌唱作為長期嗜好或人生的職業。
- 你長時間沉浸在複雜的計畫之中，需要浮出來呼吸新鮮空氣。

如果座頭鯨是你的力量動物

- 你喜歡也很擅長用聲音表達自己，像是唱歌或吟誦。
- 你喜歡與人交際，然而一定時間過後，你就會想逃離，找地方獨處。
- 你是溝通高手，結合了肢體語言與聲音表現，即便是最難的議題或想法，你都能清楚且連貫地表達。
- 你喜歡依據一年內季節的變化搬家或移動到不同地方，冬天就去溫暖一點的地點，夏天就去涼爽一點的地方。
- 你能坦然面對與掌控自己的情緒。

096 鬣狗 Hyena

鬣狗出現的意義

- 追求特定目標的時候，請尋求家人和朋友的支持和幫助。
- 要求自己，讓你與每個孩子都有一對一的相處時間。
- 縱使對自己的能力存有懷疑，你仍準備好要承擔或接手比目前更多的職責。
- 要更加謹慎小心自己的措辭和表達方式，因為無論你說什麼都會被放大檢視。
- 你現在有很強的識別力，所以，專注內心的直覺，不論內容為何，都要相信自己接收到的訊息。

召喚鬣狗的時機

- 你正在和他人一起創業，希望能夠成功。
- 你正在一段學習過程之中，希望盡可能學到很多東西，有效率地吸收知識。
- 有東西感覺不太對勁，你想知道那到底是什麼。
- 你已獨自一人太久，需要家人朋友的陪伴和支持。
- 你意志消沉了很久，需要大笑一番來振奮自己的精神。

如果鬣狗是你的力量動物

- 你喜歡生活在幅員廣闊的地域，而且特別偏好氣候乾燥的地區。
- 你有很強的生存意志，挺過艱困、受盡嘲諷的童年，而現在的你自信閃耀。
- 你來自一個成員眾多的家族，而且交友廣闊；相較於獨來獨往，你更享受與親朋好友相聚的時光。
- 由於你高度開發的直覺判斷力，你能夠精準地辨別該做什麼、什麼時候該做，以及誰值得信任。

097 朱鷺 Ibis

朱鷺出現的意義

- 每天讓自己停下來幾次，思考「一切都是神聖的」這句話，接著觀察當你這麼做時會發生什麼事。
- 召喚埃及神托特（Thoth）[8]或女神愛西斯，請求指引與保護。
- 遵循你的內心，相信內在智慧。
- 你將會認識一些古老神聖的療癒技術，從而了解其中的智慧。
- 現在是充滿魔法的時刻，敞開自己的眼、耳、心，留意身邊每天所發生的奇蹟。
- 你即將體驗一場深層且深刻的療癒，使你的生活轉換到不同的方向。

召喚朱鷺的時機

- 你正在研究超自然或是具有魔法的術法與科學。
- 你有興趣學習更多古老的智慧，尤其是起源自埃及的事物。
- 你是一名療癒工作者，想要擴展神聖療癒的所有技能。
- 你最近經歷了一場靈性啟發，希望能好好吸收與內化這一切。

8 譯注：托特是埃及神話中代表智慧之神。

如果朱鷺是你的力量動物

- 你是一個浪漫主義者，喜歡用經得起時間考驗的方式表達對伴侶的愛，例如以鮮花求婚示愛。
- 你的前世與古埃及神祇有所關連，尤其是托特與愛西斯。
- 你擁有深刻理解生死奧祕的老靈魂，然而除非你受邀分享這些內容，不然你只會把這些智慧放在心裡。
- 你隨時準備好要探索新的奧祕或哲理。
- 你是他人進行靈性探索與發生靈性轉變的催化者。

098 鬣蜥 Iguana

可參考 P.249 蜥蜴

鬣蜥出現的意義

- 在計畫一項專案的時候，務必條列出細項與步驟才能成功。
- 生活中出現了很多複雜的問題，但只要有清楚的意圖和努力，你就可以大幅度地簡化這些問題。
- 即使你覺得自己深陷世俗的泥沼中，也要下定決心從中爬出來，用不同的角度來檢視這些事情。
- 對你夢寐以求的事情採取行動，或是你曾經想做、卻因為計畫不切實際而忘記去做的事。
- 雖然最近經歷了一次重挫，但是你必須站起來，繼續前進。

召喚鬣蜥的時機

- 你正在檢視過去的一些錯誤，以免重蹈覆轍。
- 你一直反覆做著相同的夢境，想要了解它所代表的意義。
- 最近你的皮膚有一些狀況，例如皮膚炎，你想要快速、簡單地治好它。
- 你損失了一筆很大的生意，失去大量的財產。

如果鬣蜥是你的力量動物

- 你能從在別人看起來像垃圾或無用的東西之中，找到有用的寶藏。
- 當你對別人感到不滿時，可能會對他們大聲說話，但你從不會傷害任何人。
- 你能夠檢視過往曾做出的錯誤判斷或選擇，從中學習，為未來做好準備。
- 你能夠將複雜的問題和想法分解成最簡單的組成，使其更容易理解。
- 你喜歡獨自生活，也樂意偶爾與朋友聚會。

099 高角羚／黑斑羚／飛羚
Impala

可參考 P.40 羚羊

高角羚出現的意義

- 你的生活將發生一些快速且出乎意料的變化，未來的幾週中，你會因此走向較為曲折的道路。
- 沒錯！勇敢抓住最近出現在你面前的機會或關係。
- 最近的某個情況或人際關係讓你覺得很沮喪、壓抑，你需要從中抽離才能恢復平衡。
- 這段時間你的聽力會變得特別敏銳，與他人進行交流的時候，多留意對方沒說出口的部分，而不是講出來的話語。

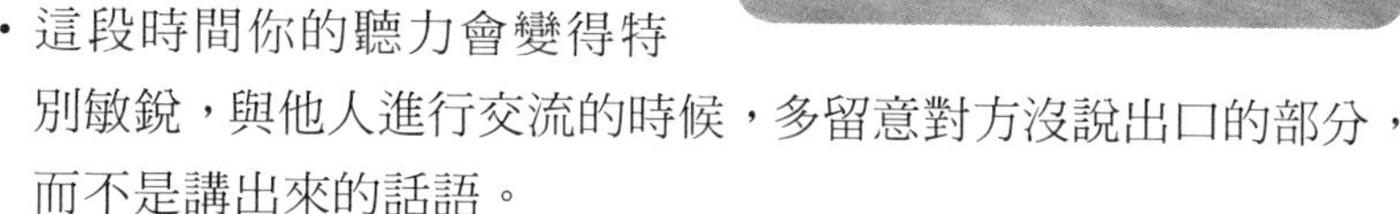

- 繼續向前，讓自己更積極地朝著志向前進，並適時調整想法來配合你的抱負。

召喚高角羚的時機

- 你的理性要你做一件事，但直覺卻告訴你不要這麼做。
- 你從夥伴或朋友那兒收到不同的消息，想要弄清楚內容到底是什麼。
- 無論你是自願還是被迫的，肩上都承擔著對於一群人的責任。
- 你覺得自己缺乏社群交流與友情的陪伴，厭倦了獨自行事。

如果高角羚是你的力量動物

- 你享受同性朋友的陪伴以及志同道合的感覺，有時你們會一起參加小組活動。
- 你非常優雅沉著，總是以輕鬆的姿態過生活。
- 你喜歡住在水邊，理想的情況是後門還通往森林或灌木叢。
- 你熱愛跳舞，尤其是自由隨興的律動。

100 胡狼／豺狼 Jackal

胡狼出現的意義

- 無論是進行身體、心靈還是精神的旅行，你都會受到良好的保護，一路上都有指引帶領著你。
- 注意未來幾天出現的機會，並對其採取行動。
- 你的前世與古埃及有所連結。
- 你的內心或直覺會警告你即將發生的危險，讓你避開。
- 無論你身在何處或正在做什麼，你都受到強大且熱忱的保護。

召喚胡狼的時機

- 你內心的目標需要家人或朋友一同合作才能完成。
- 你想回收一些物品，好讓它們在別人手中得到妥善運用。
- 最近你的身邊有人進入了靈性世界，或是有人即將過世。
- 你很想嘗試靈魂出竅或清醒夢。

如果胡狼是你的力量動物

- 你發現自己很樂意從事臨終工作，或是直接處理死亡或臨終之事，像是幫助靈魂前往靈性世界（亡者接引）。
- 你是很厲害的拾荒者，能夠在大量物品中，找出最有用和最實用的東西。
- 你聰明機靈，能利用自己的口才引出你想要且需要的東西。
- 你喜歡和一群人一起進行專案計畫，而且你通常是計畫的倡導者。
- 當你找到心愛且想要相伴相守的人之後，會變得非常忠誠、信守承諾，並將此人視為終身伴侶。

101 美洲豹 Jaguar

美洲豹出現的意義

- 以清楚明確的意圖，專注於自己想要的事物，並且堅持下去，直到成功為止。
- 你即將體驗到自身靈視的覺醒與強化。
- 你耐心蟄伏，收穫豐厚成果的關鍵即將出現。當機會來到面前時，不妨邁開腳步，努力爭取。
- 把計畫和動機放在心底，這並不是要遮掩，而是要醞釀得更為強大有力，你的動機與目的也才會變得更加清晰。

- 現在不需要奮鬥苦幹或施展抱負，在下一場追尋來臨前，好好放鬆，享受辛勤工作的成果。

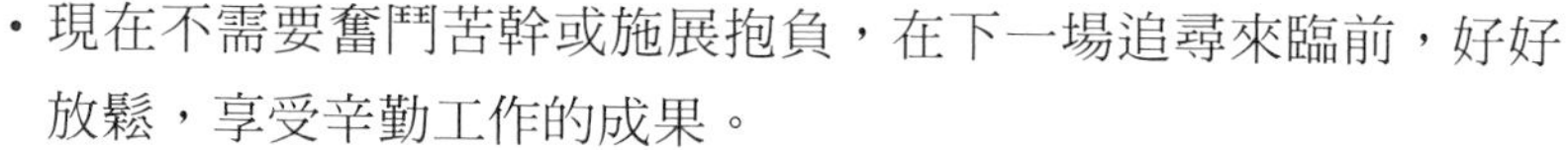

- 放下生活中對你不再有用的一切事物，如此一來，你才能重拾自己的力量。

── 如果是黑豹（Black Jaguar）

- 盡情享受與表達感官的快感與激情。
- 為了自身與靈性的成長，請正視自己的恐懼，並將其放下。
- 停止對一切事物的擔憂，接受現狀，順其自然。

召喚美洲豹的時機

- 你覺得自己不太平衡，失去重心。
- 你晚上一直做惡夢，由於夢境太過於真實，使你醒來時大大鬆

了一口氣，並慶幸還好只是一場夢。

- 你知道眼前有個可行的機會，卻又有一些讓你猶豫不前的理由。
- 對於主張並堅守自己權利這件事，你抱持懷疑、恐懼與遲疑的態度。
- 你身處的環境與情況，需要你果斷、清楚、直接地進行溝通。

如果美洲豹是你的力量動物

- 你的溝通方式非常清楚、直率，有時候甚至會過於直接。
- 你是位堅強、天生的領導者，有著極大的魅力和謙遜的態度，身上帶著從容的威嚴感。
- 你的出現總能主導整個空間，即使當時你並非大家關注的焦點。
- 你十分尊敬大地母親，總是盡量輕柔地從她身上踏過。
- 有時候你必須努力控制一下脾氣，以免在無意間傷害到他人。

102 水母 Jellyfish

水母出現的意義

- 堅定自己的信念，相信生命會給予你所需的一切支持。
- 練習不抵抗的心態，順應生命的流動，而不是與之對抗。
- 對於目前在靈性領域進行的工作，要保持更高的警覺。
- 確保自己一整天都有攝取足夠的水分。
- 整理家裡與工作環境，每天都整理一些，就能讓自己做事更有效率。

召喚水母的時機

- 你一直在努力做一件事，卻沒有太大的進展和成果。
- 你所處的團體或家人之間彼此意見不合，造成不必要的混亂與困擾。
- 你的工作或家庭中，存在相當大的混亂和意見分歧。
- 你和某人發生衝突，由於雙方的固執導致情況陷入僵局。

如果水母是你的力量動物

- 你完全相信自己無論如何都能獲得一切維生所需。
- 你對地球的自然節奏非常敏感，很容易產生共鳴，可以輕鬆地隨之順流。
- 你偏好群體生活或處在一個和諧的社群之中，彼此合作共好。
- 你做事很有條理，喜歡管理與策劃需要運用到這項能力的活動。

103 袋鼠 Kangaroo

袋鼠出現的意義

- 不需要擔心，因為你的需求永遠都能獲得滿足。
- 現在最重要的是與家人保持聯繫，並且從他們身上獲得情感的支持。
- 一旦獲得了一些動力，就應持續向前，不要回頭。
- 你的發展將會一日千里。
- 新的想法需要在未來的幾個月中緩慢且謹慎地醞釀成形，所以在此之前最好不要四處張揚。

—— 如果是紅袋鼠（Red Kangaroo）

- 為自己的行為全權負責，並且去做正確的事。
- 你的家庭此刻正需要你的關注。
- 為了多數人的福祉，你可能會有所犧牲。

—— 如果是灰袋鼠（Gray Kangaroo）

- 這會是一段特別豐饒與繁盛的時期。
- 對你所擁有的一切與所愛之人，表達感謝之意。

—— 如果是小袋鼠／沙袋鼠（Wallaby）

・即使有疑慮或不確定，也要堅持你原本的方向。
・現在是以某種方式走出舒適圈的好時機。

召喚袋鼠的時機

・你發現自己沉浸在貧窮的思維中或缺乏信念，並希望自己能相信生命的富足與豐盛。
・在家庭、朋友、同事之間，你承擔起更大的責任，想要提升面對這種情況的自信心。
・你知道現在是投入新計畫或是邁向人生新階段的時刻，但你害怕去做。
・你感覺工作、休閒與家庭的關係已經失衡，並希望能重新取得平衡。
・你過份沉迷與糾結於過去，而感到深陷其中，難以繼續前進。

如果袋鼠是你的力量動物

・你起步緩慢，不過一旦開始行動，就什麼也阻擋不了你。
・你對過去幾乎無所依戀，而是專注於現在與未來。
・你的生活一直相當富足，而且想要的東西往往很快就能獲得。
・你是一個非常貼心又好相處的人，尤其是跟家人或朋友一起時；不過，你也會獨處一段時間來維持生活上的平衡。
・必要時，你會主動擱置自己的欲望，先去滿足他人迫切的需求。

104 紅隼 Kestrel

請見 P.155 隼

105 翠鳥 Kingfisher

翠鳥出現的意義

- 要明確、扼要地與別人溝通，清楚表達自己。
- 在接下來的七天，在一個安靜不受打擾的環境，撥出幾分鐘的時間，讓自己在沒有特定形式、不受任何限制的情況下，靜心沉思。
- 帶著信心和活力欣然投入這項計畫或關係，放下一切疑惑與恐懼，因為一切都會成功順利。
- 每天固定進行能夠鍛鍊心血管與肌肉的運動。
- 你正邁向一段繁榮與豐足的時期，請欣然接受這一切的到來。

召喚翠鳥的時機

- 你正要進行一項新的計畫或工作，卻被它的規模嚇到。
- 在經歷一段混亂、精神緊繃的時期之後，你很渴望擁有一段平和安靜的時光。
- 你有財務上的困難，不知該如何維持自己和家庭的開銷。
- 你的直覺告訴你要投入某項計畫或某段關係，但你內心感到害怕，不敢前進。
- 你在尋找能激勵自己的新機會，以便好好利用，從中獲得樂趣與財富。

如果翠鳥是你的力量動物

- 你的言語溝通明確清晰，如歌曲般美妙動聽。
- 你很重視且珍惜自己冥想的時間，以及你在家所創造用於冥想的神聖空間。
- 想要事業順利的話，你一定要住在有水的地方，而且最好是北方氣候。
- 你很樂意為所愛之人犧牲你的需求。

106 蜜熊 Kinkajou

蜜熊出現的意義

- 如果有人批評你或說了你不同意的話，請保持冷靜，並避免對他人反應過度。
- 去森林或樹林中散步冥想，讓步伐比平時緩慢，你還可以時不時停下來欣賞其中的景色、聲音與氣味。
- 你即將能夠察覺到地面變化的細微震動，因此，盡可能去分辨你感覺到的是個人感受，還是帶有預知性質。
- 近期內你想要放手一搏，所以當機會出現時，要相信自己的直覺。如果你心裡覺得沒問題，就可以毫不猶豫地去執行。
- 這幾天可以考慮改變自己的飲食模式，以有機全穀類、水果與蔬菜為主。

召喚蜜熊的時機

- 你最近收到或買了一件看起來操作或組裝都相當複雜的物品。
- 你正在進入人生中的一個重大階段。
- 你覺得身體有些不對勁，但不確定是個人的健康狀況，還是你直覺感應到外在更大的變化。

- 你正在進入一個富有創作力與生產力的時期，並且希望能充分加以利用。
- 你很有興趣去探索將聲音當做療癒工具的使用方式。

如果蜜熊是你的力量動物

- 你擁有敏銳的洞察力，可理解相當複雜的想法與概念。
- 你的好奇心旺盛，喜歡探索新事物。
- 你的個性有點害羞，但是很享受家人與好友的陪伴。
- 你必須定期到大自然，如森林、樹林、山間或海邊，才能維持身心靈的健康。
- 你與植物界（特別是樹木）以及自然的靈體都有著緊密的連結。

107 鳶 Kite

可參考 P.155 隼

鳶出現的意義

- 摘下你的面具，讓世界知道你的真實樣貌。
- 未來的幾天中，要相信沒有什麼事會嚴重到你無法處理，無論發生什麼事，都要盡力保持冷靜，維持專注。
- 參加一些專注於呼吸與緩慢動作的課程，例如太極或瑜伽。
- 在接下來的幾天裡，你需要發揮適應力與靈活度，來應對生活中遇到的任何曲折。
- 確保自己盡量食用有機且健康的食物。
- 每天進行幾次緩慢的深呼吸，讓吸氣與吐氣時都各數到十。

召喚鳶的時機

- 你的生活經歷了巨大的轉變，正面臨自我認同的危機。
- 你最近過得不是很順，不得不面對生活中的一些阻礙。
- 你正在從事靈媒或靈魂接引的相關工作（幫助死者的靈魂前往靈界）。
- 你一直感到緊張焦慮，希望平靜與平安的心情能取代這些情緒。
- 你無法調整和適應某種情況。

如果鳶是你的力量動物

- 在溫暖的氣候下，你才能展現最佳狀態，天氣寒冷時總是表現不佳。
- 你能夠輕鬆地在生命之中翱翔，不會因為任何事而感到心煩意亂。
- 你善於把握機會，無論其是大是小。只要機會出現，你就會盡一切所能，充分利用。
- 你始終以尊重、溫和、優雅與友善的態度回應他人。
- 你擁有與靈界以及守護靈連繫溝通的天賦。

108 奇異鳥／鷸鴕 Kiwi

奇異鳥出現的意義

©Mark Jones/Oxford Scientific/JupiterImages

- 花點時間沉浸在森林與樹林之中，享受環境中的景色與氣味。
- 動手做泥塑能引發你的藝術天分。
- 你有機會為了家庭或公眾的更大利益，貢獻出自己的一部分。
- 你擁有徹底改變自己生活方式的選擇，因此，讓這個選擇出於愛，而非恐懼。
- 接下來的幾天，每天都到戶外步行冥想十五分鐘。讓自己走得比平時更慢一些，有意識地讓步伐與呼吸同步。

召喚奇異鳥的時機

- 你一直覺得心浮氣躁或心不在焉，希望能穩定一點，腳踏實地。
- 目前你碰到一個情況：基於對某人的愛，你可以選擇做出取捨，犧牲個人的欲望、偏好、需求或物質財產。
- 你在做出一項重要決定的時候，覺得自己碰到很大的阻礙，因為你腦中不斷想像出各種可能發生的災難性後果。你現在想要釋放恐懼與疑惑，讓自己可以做出明確的決定。
- 你的生活方式或物質財產經歷了重大的問題與損失，你想要從更宏觀的角度來看待整件事。

如果奇異鳥是你的力量動物

- 你是一個非常務實、腳踏實地的人。
- 晚上是你工作狀態最好的時段，以此來規劃一天的行程，就能讓自己好好發揮。
- 出於對他人以及對眾生的愛，你勇於、也樂意在任何需要的時候奉獻自己。
- 大部分認識你的人都很喜歡、也很欣賞你，你亦以和善回應他人。

109 無尾熊 Koala

無尾熊出現的意義

- 注意自己的飲食，並確保是易於消化的食物，尤其應著重在綠色蔬菜、香草及草本營養補充品。
- 下次在喝水之前，對你要喝的水說些感謝的禱詞，感謝水賜與你的一切，同時也為地球上所有的水獻上祝福。
- 你需要從日常生活中撥出幾天休息，所以盡快去規劃，讓自己好好放個假。
- 你要覺察自己的情緒，並與之保持距離，以抑制情緒的爆發。
- 練習一種放慢呼吸的冥想（想要的話，可以搭配音樂），一天兩次，至少十分鐘，並留意自己在深沉放鬆狀態的感受。
- 去探索你感興趣的薩滿風俗與術法，如果你深受啟發，可以學習如何進行一趟薩滿之旅。

召喚無尾熊的時機

- 你覺得自己需要脫離規律的例行日常一段時間，享受獨處時光。
- 你準備進行一場身心靈的排毒和淨化，需要一些額外的支持。
- 你覺得自己需要更多的個人的空間，但你不清楚該怎麼做。
- 你想要學習如何在正式的冥想中，進入更深層的意識。
- 你需要從辛勞的工作中抽離一下，可以是午睡片刻，也可以是一段更長時間的休息。

如果無尾熊是你的力量動物

- 你是十分獨立的個體，即便在他人的陪伴下，也傾向保持距離。
- 維護與淨化水域是你在這個星球上的任務之一。
- 你能冷靜地察覺自己的情緒和感受，但又能完全同理他人，而不會陷入對方的情緒風暴之中。
- 你在傍晚和清晨能展現最佳的工作狀態。
- 你需要頻繁且規律的休息，即便每次都只有幾分鐘的時間。

110 科摩多巨蜥 Komodo Dragon

可參考 P.249 蜥蜴

科摩多巨蜥出現的意義

- 有一些熾熱的能量即將被喚醒，請做好準備，積極地引導這股能量。
- 此時你所做的任何改變，都將對你造成深遠的影響。
- 此刻的你會感到格外有力量，請謹慎地使用和釋放你的力量。
- 要特別留意你的言語對他人的影響，謹慎地使用那些溫和、有愛的字眼。
- 此時是充滿熱情和熱忱的時刻，在做任何事情的時候，盡情展現你的熱情。

召喚科摩多巨蜥的時機

- 你一直覺得無精打采，對什麼事情都沒有感覺。
- 有人要公然或在暗地裡破壞你的付出和努力，而你握有證據。
- 你執行的計畫碰到了困難，但你知道事情必須繼續向前推進。
- 你發現一個很有挑戰性、卻可能獲得龐大利益的機會。

如果科摩多巨蜥是你的力量動物

- 你很重視自己的隱私，通常不是那麼在乎他人的陪伴。
- 你是個氣場強大的人，當你走過時，總會吸引人們的目光。
- 雖然大部分時間你都保持悠閒的步調，但在必要時，你也可以非常敏捷和快速。
- 你的話語帶有很強的力量和影響力，所以你盡量用語謹慎，以免對他人造成傷害。

111 笑翠鳥／柯卡布拉 Kookaburra

笑翠鳥出現的意義

- 保持同理心，但如果你覺得對方在掩飾一些不愉快的感覺，就不要被輕鬆、漫不經心的表象所欺騙。
- 克服恐懼最有效的方法就是坦然面對，並且去做任何能夠達成目標的事。
- 參加一些可以讓你大笑的活動，好讓自己從擔憂和牽掛中解脫出來。
- 你花太多時間在幻想和做白日夢，但卻沒有任何實際行動去實現你的夢想與願景。

召喚笑翠鳥的時機

- 為了實現夢想，應保持專注和決心，不讓任何事物阻止你。
- 你被要求以自己的能力去服務社群，並運用自己的智慧去領導他們。
- 你對於某個特定目標感到十分地清楚、明確，想要去爭取。
- 你覺得自己很沉重、不苟言笑，甚至喪失了幽默感。
- 你覺得現在應該捨棄一些不再適合自己的陳舊價值觀、信仰和行事作風。

如果笑翠鳥是你的力量動物

- 你是個意志堅定的人，一旦下定決心，就會傾全力達成目標。
- 你很容易就能贏得他人對你的尊敬，也很享受擔任領導者所獲得的認同。
- 對你來說，要讓自己能夠全力以赴，穩固、安定的家庭生活是重要關鍵。
- 你習慣用笑容來掩飾真實的情緒，假裝沒事，但事實上並非如此。
- 你總是以隨興、隨和的狀態示人，好像什麼事都不放在心上，即便你內心感到非常緊張。

112 瓢蟲 Ladybug

瓢蟲出現的意義

- 當瓢蟲停在你身上時，在心中許下願望，你的願望就會實現。
- 每天安排一個時間，獨自安靜地進行禱告或冥想。
- 你曾經以為失去的東西，會找到方法重新回到你身邊。
- 不論你的宗教信仰為何，聖母瑪利亞都會與你同在，在你身邊指引、撫慰你。
- 你受到保護，不會受到他人惱人的想法與行為所侵擾。

召喚瓢蟲的時機

- 你受到召喚，要求你增加靈性或信仰方面的修行。
- 你想要釋放恐懼和焦慮不安的情緒，重拾信任與快樂的感覺。
- 你有種希望幻滅的感覺，想要找回自己的信念和歡樂。
- 你開闢了自己的花園，並希望盡可能減少蟲害，或是將害蟲完全消除。

如果瓢蟲是你的力量動物

- 你很重視傳統價值和道德觀，凡事以家庭為主。
- 你從不冒犯別人，個性細膩有愛。
- 你天生就有一股豐盛的流在你生命中流動，永遠不需擔心生活上的任何匱乏。
- 你以天真誠實的態度面對這個世界，因為你有各種方式可以保護自己的身心。

113 雲雀 / 百靈鳥 Lark

雲雀出現的意義

- 你正進入一個全然幸福無憂的時期。
- 與其向外界尋求，不如望向自己的內心找尋答案。
- 無論你在做什麼，試著一邊做，一邊輕哼音樂或輕吹口哨。
- 注意措辭，你的言語和表達方式會對他人造成極大的影響。不論好言還是惡語，話語內容都會造成極大的影響。
- 在大自然中席地而坐，請守護靈給你屬於自己的能量之歌，讓音樂的旋律和歌詞自然地從你口中流瀉而出。

召喚雲雀的時機

- 你感到挫敗與灰心。
- 你正考慮參加歌唱方面的課程來改善自己的聲線。
- 你是職業歌手，即將進行一場表演。
- 你很想知道運用歌唱、說故事及聲音作為療癒工具的方式。
- 你想找出屬於自己的聖樂或歌曲。

如果雲雀是你的力量動物

- 大部分時候你都相當快樂而且無憂無慮，很少或甚至根本不會對未來有所掛慮。
- 你熱愛唱歌，不放過任何唱歌的機會。
- 你不僅僅是名歌手，也是說故事的好手，人們都很喜歡聽你說故事。
- 不論是用說的還是用唱的，你說的話不僅充滿不可思議的力量，還帶有一股神祕的光暈。

114 狐猴 Lemur

狐猴出現的意義

- 你的遙視能力會提升，可以更清楚地看見自己的守護靈。
- 花一些時間在森林、樹林或灌木叢之中，找到一棵樹，然後坐下來，背靠著它冥想，看看自己會接收到什麼訊息或畫面。
- 去探索香薰和芳香療法的各種用途。
- 將時間、精力或金錢，貢獻或捐贈給致力於重新造林與終止森林砍伐的環保組織。
- 你可能會想探索自己前世與非洲的連結，特別是馬達加斯加。

召喚狐猴的時機

- 你正在研究演化，對於靈長類之間的演化關係尤其感興趣，包括人類。
- 你最近對靈界與超自然現象產生興趣，並且想要拓展自己所學到的東西。
- 你對於令自己感到不安的一段過去感到好奇，想要回顧那些回憶，並且在你目前人生的脈絡下，為它們找到安身之所。
- 你不確定自己是否需要擴展社交活動，還是暫時從自己的日常世界中抽離。

如果狐猴是你的力量動物

- 無論你是女性還是男性，你都擁有強烈的陰性特質。
- 你的適應力很強，擁有被其他人低估的廣泛興趣與才能。
- 你迷人而敏銳的目光，是別人第一眼注意到你的特質。
- 你的嗅覺很靈敏，不論在現實中還是象徵上的意義，你都能嗅出某件事是否對你有好處。
- 你在很多方面都是獨一無二的，以至於覺得與他人格格不入，需要從孤獨中尋求自在。

115 花豹 Leopard

可參考 P.285 豹貓、P.372 雪豹

花豹出現的意義

- 花一些時間獨處，最好是在大自然中待上一整天。
- 在繁忙緊張的時期，仍要抽出時間休息與玩樂，來幫助自己調整生活步調。
- 不管你現在努力的目標是什麼，在完成前都不要透露太多，否則會影響最終的成果。
- 你會從夢中、幻象或感覺中，非常生動且準確地預知事件。
- 一個一直隱瞞著你的祕密即將被揭露。
- 無論你正在進行什麼事，現在是盡情展現自己的時機。
- 只要堅持與穩定，你就會達成自己的目標。
- 你的直覺能力會大幅提升，所以要密切注意並相信你的感覺。

召喚花豹的時機

- 你覺得自己需要額外的保護。
- 為了完成目標，你需要更多的力量與精力來跨越任何阻礙。
- 你剛經歷一段充滿挑戰的時期，失去或放下了生命中很重要卻已經行不通的部分，並已準備好重生，進入下個階段。

- 你一直受制於藏在陰影中某方面的自己，現在，你已準備好面對，卸下它加諸於你身上的枷鎖。
- 你需要重新喚醒自己的熱情與感官享受。

如果花豹是你的力量動物

- 你天生就對自己的內在領域有不凡的覺知，對自己與他人的天性也具有相當深刻的認知。
- 你是一名短跑健將，不適合長跑，所以比較擅長完成短期目標，過程中最好再加上一些休息與娛樂。
- 你有一股神祕的氣質，很少談及自己的夢想或計畫，不會大張旗鼓，而是默默地完成。
- 你很敏感，享受各種撫摸與感官的感受，但也會對不舒服的觸碰和討厭的人，表現出強烈的反感。
- 你是性感又願意付出的情人，是一名浪漫的伴侶。

116 獅 Lion

獅出現的意義

- 無論你面對的是什麼，都要自信地抬起頭，維持自己的尊嚴。
- 你比自己想像的還要強大得多，而且需要運用自己的情緒力量，來面對這個狀況。
- 鼓起足夠的勇氣，讓自己可以面對這個不舒服的情況。
- 在行動之前仔細聆聽、謹慎分辨，而不是衝動魯莽地行事。
- 面臨困難的決定時，聽從自己的內心，而不是聽從腦袋告訴你應該做什麼。

召喚獅的時機

- 你覺得備感壓力，或是被某個情況所擊倒，想要激發自己的力量與自信來應對這些狀況。
- 你的尊嚴與正直受到質疑，你想要重拾自尊。
- 你被徵召擔任具有政府官方或領導人的職務。
- 你被交代承擔一項乍看之下難以負荷的計畫，即便你知道你擁有完成計畫所需的一切技術與才智。

如果獅是你的力量動物

- 你擁有強烈的存在感，舉止威嚴，所以當你進入一個空間時，別人立刻就會注意到你。
- 雖然你很容易被激怒，但通常對別人都很有同情心。
- 你是一位天生的領導者，並且擁有優秀的組織能力。
- 比起獨行，你在團體或社群中更能達到最佳狀態。
- 你喜歡擴展自己的能力，而且總是想要學習更多東西。

117 蜥蜴 Lizard

可參考 P.93 變色龍、P.166 壁虎、P.170 鈍尾毒蜥、P.214 鬣蜥、P.235 科摩多巨蜥

蜥蜴出現的意義

- 注意自己的夢境，特別是重複出現的主題或影像，可以把夢境像日記一樣記錄下來，然後用冥想的方式去找出夢境的意義與訊息。
- 目前的情況需要你按兵不動、等待時機的到來，但當你採取行動時，就必須快速、有效率。
- 現在是特別敏感的時間點，你會敏銳地意識到影像、聲音及振動，所以，必須格外小心你周遭的人事物。
- 進行冥想，召喚出內心深處古老的那個自己，要求他讓你看見未來的人生道路。
- 聽從自己的直覺，而不是其他人的意見。

召喚蜥蜴的時機

- 你處於一個困境，需要忍受情緒上或身體上的煎熬，還可能缺乏足夠的資源。
- 你記不清楚自己的夢，就算你記得，也無法解讀夢境的意義。
- 你過度沉溺於自己的過去、曾經發生的境遇，或是對自己不再

有用的某個部分，你想要抽離、釋放這段過去。

- 你很憂鬱，整個人好像關機了，你想要重新喚醒自己的感官，增加自己的活力與反應力。
- 因為別人的意見或建議，你現在變得很難聽見或尊重自己的直覺。

如果蜥蜴是你的力量動物

- 你表現得很放鬆，甚至讓人覺得有點懶散，但其實你對周圍的變動非常警覺，甚至會注意到周遭環境的細微變化。
- 你是個夢想家，也是名預視者，擁有遙視與遙感的能力。而且，在決定自己的道路時，你會特別留意所看見與感知到的訊息。
- 你的直覺告訴你何時該保持安靜或採取行動，而且當你這麼做時，一切會變得快速有效率，而且目標明確。
- 你的直覺會告訴你做什麼事才是正確的，所以你很少做出情緒化或衝動的決定。
- 你能快速並且準確的判斷他人的個性與動機。

118 羊駝 Llama

羊駝出現的意義

- 這是段漫長的旅程，但你就快到達終點了，要堅持下去。
- 付出自己的時間為他人服務，或是與服務類型的組織進行合作。
- 緩慢、穩健地朝著你的目標前進，並確保自己有穩固的基礎。
- 給自己一點時間，這意味著你會因此拒絕別人的請求，無法向對方提供你的時間或協助。
- 尋找與你有共同興趣和活動的人，與他們相伴，而不是花過多的時間獨處。

召喚羊駝的時機

- 你即將展開一段看似相當嚴苛、充滿挑戰的旅程或朝聖之旅。
- 人們帶著問題來找你，你想幫助他們，但也不希望自己因而負擔過重。
- 你即將從事具服務性質的工作，對象可能是人或組織。
- 你從事的工作需要長時間的大量勞動，尤其是要攜帶或運輸重物。

如果羊駝是你的力量動物

- 你很隨和、溫柔，只要得到公平對待，在任何關係或友誼中，你都是一個很棒的伴侶。
- 你很有毅力，適應性強，能夠承受相當大的壓力，克服具挑戰性的環境，而且不會對身體產生不良影響。
- 你很樂意犧牲自己所需來為他人服務，但有時也會感受到世界加諸在你肩上的重擔，容易忽略自己。
- 為了取悅他人，比起讓自己感到自在，你更傾向於屈就妥協。

119 龍蝦 Lobster

龍蝦出現的意義

- 你正處於一個巨大轉變的過程，在這段期間，你發現自己在每個階段，都會試圖用不同的方式來表達自己。
- 此刻最重要的課題是學習耐心，特別是學著去等待，讓需要的東西自行到來，而非刻意去追求。
- 你會從自己收藏了一段時間的東西中，翻找出許多有用的物品。
- 你工作成效最好的時段，是在傍晚太陽下山之後。

召喚龍蝦的時機

- 你正經歷一些重大的生活變化，過去的自己對你已不再有用。
- 你有必要讓自己沉浸在工作之中，並花費很長的一段時間在工作上。
- 你對於自己想要達成或擁有的事物開始失去耐心，你有信心這件事會成功，但又因事情被延誤而備感壓力。
- 你跟很多人相處了很長一段時間，需要一些隱私與獨處。

如果龍蝦是你的力量動物

- 你擁有驚人的專注力，一旦設定目標，就會專注地前進。
- 你很會利用周遭資源，通常只要搜索一下，就能在周圍環境中找到需要的東西。
- 你的外表常會誤導別人，直到他們認識真實的你，才會發現你與想像的不同。
- 你喜歡獨處，雖然你短時間內可以容忍其他人，但如果時間太長，你可能會變得煩躁易怒。
- 隨著心性的成熟，你會獲得愈來愈深厚的智慧與見解。

120 潛鳥 Loon

潛鳥出現的意義

- 做一些規律的運動，增強自己的肌肉、骨骼和關節，尤其要鍛鍊腿部跟足部。
- 進行夢境解析、日記紀錄和靜心冥想，這些都能幫助你探索自我潛意識，讓你更了解自己。
- 這段期間要特別溫和地滋養你的喉輪。
- 特別留意生動、清晰的夢境，尤其是一整天過後都還能清楚記得的夢，這些內容都帶有強大的訊息與指示。

召喚潛鳥的時機

- 出現了一些難以理解或詮釋的預視或夢境。
- 眼前出現一個機會，你正在考慮是否要冒險，並採取行動。
- 你正在嘗試調整不同的意識狀態，特別是需要透過緩慢的深呼吸才能達到的深層意識狀態。
- 你對清醒夢很感興趣，你能察覺自己是在做夢，從而改變夢的進程。

如果潛鳥是你的力量動物

- 你這一生中的挑戰之一，就是保持自己身心靈的平衡。
- 你善於溝通、口才好，邏輯連貫而且表達清晰。
- 你讓陽剛和陰柔的能量，維持在一個恰當的平衡。
- 你對於夢境解析有著濃厚的興趣，並將夢中的訊息視為對你人生極富價值的引導和啟示。
- 你擁有非傳統的信仰與標新立異的生活方式，在比較傳統的環境中或因循社會文化常規的人群裡，你都會感到不太自在。

121 猞猁／林独 Lynx

可參考 P.73 北美山貓

猞猁出現的意義

- 讓自己安靜一段時間。你可以整天不說話，或是到大自然裡走一走，找個安靜的地方待著。
- 有人會告訴你一個祕密，你必須嚴加保密。
- 要小心任何想欺騙或利用你的人，並相信自己的直覺。
- 認同他人未發現的天賦或能力，鼓勵他們開發這些來自上天的禮物。
- 你的遙視與超聽覺能力會變得特別敏銳，所以請格外留意你平常感官範圍之外的所見所聞。
- 要達到你為自己設下、最值得努力的目標，你必須要有明確的企圖和耐心，以及就算要花很長時間也願意堅持下去的毅力。

召喚猞猁的時機

- 你心裡有點不踏實，直覺上懷疑工作或私人關係裡的某個人，對你不誠實或是不忠誠。
- 你一直被周遭的熙攘與喧囂弄得很煩，覺得不堪其擾，你想讓生活變得平靜安穩一些。
- 你發現自己一直在說話，覺得應該要安靜下來，多聽少說。
- 你覺得自己目前很脆弱、需要保護，讓自己不受精神或情緒上的攻擊。

如果猞猁是你的力量動物

- 你擁有一種天賦，能看見別人身上所隱藏或沒發現的東西，包含他們的恐懼、謊言、祕密或尚未開發的能力。
- 你發現人生的道路帶你認識了薩滿儀式，你很感興趣，想進一步深入了解。
- 別人在你身旁有時會覺得不太舒服，儘管你從未說出你察覺到的部分，但他們還是感覺得到，你知道很多他們所不願意透露的事。
- 就算你對獨立的要求可能讓你孤身一人或被孤立，你還是很重視獨處，想要留給自己相當多的時間。
- 你深獲大家的信任，甚至會告訴你連自己最好的朋友都不知道的事。

122 金剛鸚鵡 Macaw

金剛鸚鵡出現的意義

- 每天在太陽下待個幾分鐘，對你很有好處。
- 你正邁入一個自身靈性感知和創意啟發的增強階段。
- 你感受到自身的溝通能力發生了轉變，會要求他人更專注聆聽你所說的話。
- 不論你感知到多麼古怪荒誕的事，都請相信自己的覺知。
- 不管現在是什麼季節，都要穿上更明亮、多彩的服裝。

召喚金剛鸚鵡的時機

- 你需要借助太陽的熱能和療癒力量。
- 你最近一直反應過度，非常情緒化，因此想要有效地管理自己的情緒。
- 你想提高自己的溝通能力，希望自己的談話內容更加生動，使溝通更有效率。
- 你正在尋找身體或情緒上的療癒活動，這需要讓你能更常接觸戶外，以吸收太陽的療癒力量。
- 日子變得沉悶無趣，不論在現實中還是象徵上的意義，你都想為生活增添更多色彩。

如果金剛鸚鵡是你的力量動物

- 你的警覺性和感知力都很好，不會錯過周遭發生的任何事物。
- 你很感性，也比較情緒化，願意公開坦承自己的感受。
- 你極具洞察力、理解力與同理心，他人因此經常向你尋求幫助和建議。
- 你是忠貞的伴侶，很享受彼此一起出席社交場合。
- 你生來就擁有聲音模仿的天分，很輕易就能模仿他人的語氣和聲調。

123 喜鵲 Magpie

喜鵲出現的意義

- 抓住任何出現在你面前的機會，不要猶豫。
- 注意任何形式的跡象或徵兆，不論是視覺、聽覺還是動覺，它們會都引導你。
- 語言溝通的過程要特別清楚、直接地說出自己的想法，同時並仔細聆聽對方在說什麼。
- 在使用直覺與通靈天賦時，要確保自己意圖的純粹、無私。
- 生活中有很多兩極狀態，如陰與陽、理智與情感、靈性與世俗，如果你過度偏向一邊，請讓自己回到平衡狀態。

召喚喜鵲的時機

- 機會來臨，但你不確定是否要利用它。
- 你知道自己收到周遭環境的訊息，但不確認它們的意義。
- 你正在研究玄學或神祕學，需要支持、引導和保護，尤其當你還是新手的時候。
- 你正在參與一項需要機敏與智謀的計畫，而且你所需進行的工作要求並不是非常明確。

如果喜鵲是你的力量動物

- 你非常機智、聰慧，而且適應力很強，能夠利用周遭現成可用的事物來完成目標。
- 你的興趣廣泛而多元，好奇心會驅使引導你去探索遇到的任何事物。
- 你能夠很有智慧地運用自身的通靈能力，使用時也會相當謹慎。
- 你很聰明、足智多謀，有時候會涉獵很多事物卻不專精。
- 你相當固執，一旦下定決心，就很難讓你改變心意。

124 海牛／儒艮 Manatee / Dugong

海牛出現的意義

- 調整你的飲食，儘量少量多餐和多吃蔬菜，而不是每天吃兩到三頓大餐。
- 放慢生活的步調到原本的百分之八十就好，即使如此，你會發現自己仍可維持穩定的進步。
- 停止拖延，帶著勇氣與自信，專注在需要處理的事物上。
- 現在是萬物滋養的時刻，很適合去接受或是給予他人身心上的慰藉。
- 將他人的需求置於自己之上，但不是要你犧牲，而是讓你真誠、充滿愛地將時間和精力，放在需要協助的事物上。

召喚海牛的時機

- 生活變得混亂、忙碌，你想要減低，甚至消除生活中的緊繃和壓力。
- 你需要更多的養分來滋養自己的身體與靈魂。
- 你覺得自己的健康狀況不如預期，需要調整飲食來改善身體狀態。

- 你是家長或者是照顧者的身分，負責照看小孩。
- 你懷孕了，決定要進行水中分娩。

如果海牛是你的力量動物

- 團體活動中，你偏好與少數較為親近的朋友們輕鬆互動。
- 有親密伴侶或親近好友互相分享的時候，你的工作會更加積極有效率。
- 不論真實年齡為何，你天生是個老靈魂，有時你所展現出的內在深度和智慧，經常讓自己和他人感到驚訝。
- 你依照自己的步調行事，雖然比別人慢，但總能如期達成目標。
- 你很坦誠，對外界充滿信任，遇到任何人都願意敞開心胸，展現自己脆弱的一面。

125 草地鷚／草地雲雀 Meadowlark

可參考 P.241 雲雀

草地鷚出現的意義

- 好消息或驚喜很快就會出現了。
- 拋開所有拘束，不要彆扭，大聲唱出你喜歡的歌。
- 現在是進行內在之旅的好時機，可以透過默觀、冥想，或是探索大自然。記得在過程中始終保持愉悅與熱烈的心情。
- 機會的大門即將敞開，為你帶來豐饒與富足。
- 你正在進行的項目即將開花結果。

召喚草地鷚的時機

- 你把歌唱當做職業或自身興趣。
- 你在參加結婚典禮，你可能是新娘、新郎、牧師或是證婚人。
- 你希望消除阻擋你前進的障礙。
- 你正處於一段新的關係之中，或是你想鞏固、重申對現任伴侶的愛意和忠誠。
- 你起床的時候覺得心情不好，想讓自己開心起來。

如果草地鷚是你的力量動物

- 你的個性陽光開朗，不論到何處都能讓周遭氣氛愉快。
- 你擁有一副好嗓音，不論說話或唱歌都悅耳動聽；你本身也熱愛唱歌。
- 你享受生活中的每一天，總能看見事物最好的一面，然而，你也非常踏實穩健。
- 你是個溫暖且溫和的人，別人很容易就受你吸引，因為你會接受他人真實的一面，從不輕易評斷。

126 狐獴 Meerkat

可參考 P.272 貓鼬

狐獴出現的意義

- 你可能需要深入研究與挖掘，才能找到你要的解決方法或答案。
- 在未來幾天，找個時間去看得到日出的地方。
- 尋求家人或好友們的陪伴與支持。
- 相信那些愛你與關心你的人總是在關注著你。
- 一旦確定自己想要的東西，就把計畫放在心裡，直到達成目標為止。

召喚狐獴的時機

- 你正在進行研究，想四處尋找適當的訊息或資源。
- 你已經沉浸在工作中太久，需要到戶外曬曬太陽。
- 你正在準備考試。
- 你一直把自己孤立起來，現在需要跟人群接觸。

如果狐獴是你的力量動物

- 你是非常務實的人，與大地母親有很強的連結。
- 當你與家人和朋友在一起的時候，整個人的狀態最好。
- 你喜歡與他人保持關係，定期與朋友聯繫交流。
- 你很聰明，學習新事物和吸收資訊的速度都很快。

127 仿聲鳥 / 反舌鳥 / 嘲鶇
Mockingbird

仿聲鳥出現的意義

- 盡情歌唱，不管是獨唱還是合唱都可以，也不用擔心唱得好不好聽。
- 發揮你的內在天賦，與他人分享，而不是把它藏起來。
- 注意別人的肢體語言，看看你能否透過他們的姿勢、手勢與臉部表情，理解他們想表達的事物。
- 這個時期，別人會更加關注你的行為，而不是你的外貌。
- 最近你所遇到的人，會把你討喜與不討喜的部分都反映給你。

召喚仿聲鳥的時機

- 你即將進行演講或表演，你想強化自己的聲音，讓自己能輕鬆表達，而不會感到壓力或緊繃。
- 你正在學習一種新的語言，希望自己能流利地表達，就像母語一樣。
- 你很清楚自己的人生目標——你知道該做什麼，但是，你的內心害怕繼續前進，或是不太確定該怎麼做。
- 你想要提高自己的理解和溝通能力，以便更有效地表達自己。

- 你覺得自己受到恐嚇或威脅，需要額外的保護。

如果仿聲鳥是你的力量動物

- 你相當擅長模仿，留給他人深刻的印象。
- 你擁有與生俱來的美妙歌聲，享受獨唱，也熱愛與他人合唱。
- 你擁有一種微妙而強大的存在感，你所在的地方，氣氛都會比較愉快，大家也變得更友善。
- 你對於他人散發出的能量非常敏感，所以你要不是與他人保持距離，就是會更靠近對方，成為朋友。
- 你非常保護自己的家庭與家人，你會竭盡全力確保他們的安全。

128 鼴鼠 Mole

鼴鼠出現的意義

・相信自己的感受，而不是你所看到或聽到的。
・尋求一些肢體接觸或進行肢體表達，例如：用擁抱和輕撫來展現對伴侶的愛，以及向他人表現出友善、合宜的肢體動作。
・你發現自己在觸碰他人的時候，會出現一些超自然印象，請相信那些感覺。
・你正進入自我檢視的階段，在這段期間，你會以不引起愧疚或羞恥的方式，不帶評價地挖掘關於自己的訊息。
・你需要更穩定踏實，才能維持自己的健康與活力。

召喚鼴鼠的時機

・你需要將自己從排山倒海的工作和職責中解放出來。
・你覺得自己精神恍惚，整個人輕飄飄的。
・你覺得自己缺乏身體接觸，需要肢體上的慰藉。
・你待在家裡或辦公室太久，需要出來享受自然之美，呼吸新鮮空氣、曬曬太陽。
・你一直感受到一些靈異、超自然的印象，但你不確定能否相信這些訊息。

如果鼴鼠是你的力量動物

- 你是隱士類型的人，而且對於現在的狀態很滿意。
- 你擁有遙感通靈的能力，可以透過情緒和身體的感受，感知到超自然事物。
- 你對替代療法很感興趣，特別是以植物為主的療法，如：草藥和芳療。
- 無論你有沒有將自己視為一名療癒者，你天生就擁有能透過觸碰去療癒他人的天賦。
- 你有很強的直覺，有時甚至能神準地預知未來。

129 貓鼬 Mongoose

可參考 P.267 狐獴

貓鼬出現的意義

- 當需要捍衛自己的時候，請帶著絕對的勇氣、真摯與坦率的態度去面對，那麼，最終的結果對你以及其他相關的人都會有益。
- 積極、充滿熱情地去追求你的目標，便會得到想要的結果。
- 趁這個時候，將干擾你生活的惱人問題或分散注意力的情況，通通清除乾淨。
- 清除那些不管是不易察覺或明確會干擾你的雜事，它們會影響你的工作效率以及放鬆的品質。

召喚貓鼬的時機

- 你受到言語攻擊，希望自己能受到庇護。
- 你受到許多細微且煩人的干擾，想要減少或消除這些東西。
- 昆蟲或爬蟲動物入侵到你的家裡或周圍環境，你想要擺脫這個狀況。
- 有一段友誼或親密關係不再適合你，讓你心情沮喪，你想和對方保持距離。

如果貓鼬是你的力量動物

- 你非常敏捷、迅速，擁有閃電般的反應能力，在你需要的時候，這些能力都對你非常有幫助。
- 你相當聰明、機智，當別人要求的時候，你也樂於為他人表演。
- 你非常清楚自己的使命，也很享受每天能夠展現自己使命的機會。
- 對於別人覺得厭煩或不悅的人，你有著高度的容忍力與耐心。

130 猴 Monkey

猴出現的意義

- 先接受事物的原貌，這麼做之後，針對你遇到的問題，就能找出有創意的解決方法，然後付諸行動。
- 不論新的資訊是以直覺還是邏輯思考的方式出現，你在這時候都應該針對新的內容，快速調整自己的方向。
- 對新的觀點與方法抱持開放的態度，而不是陷入僵化的思維或行動之中。
- 經由語言、肢體語言、動作所進行的溝通，你一定要維持清楚、一致、無誤的態度，這對此時此刻的你非常重要。
- 你與大自然的靈體有著緊密的連結，尤其是仙子或精靈，可尋求祂們的協助。

召喚猴的時機

- 你需要聰明才智與創新的能力，才能應付眼前的情況。
- 你正參與一場有關人類起源與古代智慧的研究。
- 你面臨了溝通中斷的狀況，想要修復這段關係。
- 你一直感到有些沮喪與消極，覺得需要讓自己處在積極、正向的人群或情境之中。

如果猴是你的力量動物

- 你能夠優雅與靈活地生活，很少陷入老舊習慣的窠臼之中。
- 你很聰明、機智、適應力強，還能利用這些能力開發出有創意的解決方法。
- 你是名出色的溝通者，言行舉止都相當簡潔明瞭。
- 你很善於交際，當你有機會跟別人相處的時候，就是為自己充電的時刻。
- 你的好奇心很強，喜歡追根究柢，對眼前出現的任何事物，都渴望有更深的了解。

131 駝鹿 Moose

駝鹿出現的意義

- 你可以為自己最近的成就感到自豪，並熱情地與他人分享，這不是為了自誇或競爭，而是一種單純分享的快樂。
- 鼓勵他人實現夢想和願景並且支持他們的成功，是很重要的。
- 你有足夠的力量和能力，去承受這個充滿動盪的時期。
- 很快會有人來向你尋求方向、靈感與指引。
- 此刻很適合你去探索自我覺知的深度，並為提升感受性做好準備。

召喚駝鹿的時機

- 你過度批評自己，讓自己被想法或言語擊敗，因此，你需要提醒自己所具有的正面特質。
- 你處在充滿衝突或動盪的時期，需要額外的力量和耐力來應對。
- 你有小孩，現在正是你鼓勵孩子自主、不依賴你的時候。
- 有些事情感覺不太對勁，你想明確知道該如何應對。
- 你處在擁有權力或是領導的地位，希望別人尊重你，並遵循你的指示。

如果駝鹿是你的力量動物

- 你能夠清楚分辨出要「說什麼」、「何時說」、以及「對誰說」。
- 你為自己的獨立感到自豪，通常不需要與家人或社群建立牢固的關係。
- 隨著年齡的增長，你會發現自己正在將智慧傳承給下一代。
- 有時你很有耐心，例如在教導年輕人新技能的時候；有時你卻很兇，特別是當你面對很討厭的人時。
- 你讓人捉摸不透，個性相當矛盾，別人無法確定你會用哪一種面貌出現在他們面前。
- 你帶著強烈的直覺以及通靈體質來到這個世界。

132 蛾 Moth

蛾出現的意義

- 你最近會收到一封信、電子郵件或一件包裹，為你帶來重要的訊息。
- 相信自己的嗅覺，避開任何「聞」起來不對勁的狀況。
- 任何被隱藏或掩飾的事物，都即將被揭露。
- 如果你是單身，專注於吸引伴侶，然後相信自己的感官，判斷出現的人是否合適。
- 如果你在談戀愛、或是處於親密關係之中，比起香水或古龍水，天然精油更能增加你的吸引力。

召喚蛾的時機

- 你參與了一項不能過度聲張、甚至需要保密的創意計畫。
- 你參加的活動數量增加很多，處於東奔西跑的狀態。
- 你陷入迷茫和困惑中，需要釐清現狀。
- 你捲入爭執之中，也可能是覺得自己被攻擊，想要用低調、不聲張的方式防禦保護自己。

如果蛾是你的力量動物

- 你會保密自己的創意想法與計畫，直到完成時才公開。
- 你可能比較善變，很容易從一個想法或一段關係跳到下一個。
- 太陽下山之後是你工作狀態最好的時候，甚至在大家都入睡後，你仍清醒無比。
- 你是個喜愛肢體接觸與相當重視感官的情人，非常享受親密行為的氛圍與情愫。

133 山獅 Mountain Lion

請見 P.111 山獅／美洲獅

134 小鼠 Mouse

小鼠出現的意義

- 仔細留意細節，不要讓任何重要的事物從你眼下溜走。
- 對你而言，現在是豐足的時刻，但仍要保持警覺，避免可能的損耗或重大損失。
- 你可能會遺漏一些顯而易見、而且近在眼前的事物。
- 現在很適合去檢視生活中所發生的一切，剔除與你不再相合的事物。
- 冷靜且不帶批判地評估自身的優勢與局限，並誠實面對自己。
- 你把注意力只放在眼前的一、兩項事物上，這會讓你失去一個機會。

召喚小鼠的時機

- 你覺得自己被壓得喘不過氣、亂無章法，希望事情能恢復一些秩序。
- 你正在處理一項合約，必須細細斟酌每個字以及每個細節。
- 你覺得自己效率低下，想要讓自己有動力去進行一些計畫或工作任務。

- 你覺得自己的專注度與能量都很分散，想要集中注意力。

如果小鼠是你的力量動物

- 你非常注重細節，以至於有時候會忽略大局。
- 你很有條理，總是把東西放在適當的位置，以便能夠輕鬆地找到它們。
- 你是個矛盾的人，在生活中某些方面相當嚴謹、一絲不苟，但在其他方面又很馬虎、毫不在意。
- 你喜歡囤積生活用品，確保用量足夠，才不會時時擔心。

135 麝香牛 Musk Ox

可參考 P.301 家牛

麝香牛出現的意義

- 無論氛圍或外在環境有多糟糕，你都能忍受。
- 你發現一種原始、堅韌的力量在內心滋長，你逐漸可以用這股力量來保護自己。
- 為你範圍內的孩童提供額外的引導與保護，這非常重要。
- 以勇氣與毅力面對任何挑戰。
- 向家人或朋友尋求支持、安慰與保護。

召喚麝香牛的時機

- 你所處的環境會帶來體力上的考驗。
- 你正在研究史前的地球，並對當時的哺乳類動物特別感興趣。
- 周遭發生了一場很劇烈的情緒衝突，你想要維持平穩狀態，並與之保持距離。
- 一個很好強的人對你下了戰帖，而你打算正面迎戰。

如果麝香牛是你的力量動物

- 你認為團結力量大，並享受被朋友與家人圍繞的氛圍。
- 你與古老的大地保持著原始的連結。
- 你非常保護自己的孩子以及其他受你庇護的人，也希望家人與朋友在這方面能支持、幫助你。
- 你的身形矮壯、結實，腿較短，肩膀寬大。
- 你從不迴避挑戰。

136 麝香鼠 Muskrat

麝香鼠出現的意義

- 從一次一個房間開始，進行一次全家大掃除，清掉雜亂的東西。
- 藉由冥想或默觀進入自己的內心，讓自己的身心恢復健康，宛如新生。
- 在未來的幾天，每天晨起花幾分鐘記錄夢境，並思考夢境的意義。
- 如果在接下來的幾天有靈魂出竅的經驗，請不要感到驚訝或恐慌。
- 在溝通過程中，多信賴「聽到」與「聞到」的訊息，而不是看到的，如此一來，你便能捕捉到更細微的意義以及互相矛盾的訊息。

召喚麝香鼠的時機

- 一直以來，你忙於各種責任和義務，現在需要一些安靜、沉思的時間，讓自己恢復平衡。
- 你做了一個非常真實的夢境，想要了解它的涵義。
- 你一直感受到一些令人不安且陌生的情緒，希望能與它們自在相處。
- 有事物在啃噬著你，你想要確定那到底是什麼。

如果麝香鼠是你的力量動物

- 你極度注重整潔與條理，從不會讓事物變得雜亂。
- 為了自己的健康與活力，你必須住在靠近水域的地區。
- 當你投入到一個強度很高、屬於個人的創作工作之後，你會相當沉迷於其中，以至於完全忽略周遭發生的任何事。
- 儘管有時候會因為個人領域而產生摩擦，你還是很喜歡與家人一起生活。
- 你是一名傑出的泳者，喜歡各種水上活動。

137 豹貓 Ocelot

可參考 P.245 花豹

豹貓出現的意義

- 把自己緊張和緊繃的能量轉換成為藝術表現。
- 將你正在努力與追求的目標放在心裡，不要告訴別人，這樣才能促使目標的達成；反之，與他人討論會消耗目標本身的能量。
- 在挑選下一個創意專案時要謹慎，只選擇能激起你熱情的項目。
- 近期內，你身邊的人會與你分享需要你保密的事情。

召喚豹貓的時機

- 你正在進行沒有特定目標的購物之旅，隨意逛街。
- 你希望在對方的感受或動機還表現得不那麼明顯時，就能辨別出來。
- 無論是一段關係或一項計畫，目前都需要嚴加保密。
- 你感覺身邊的人對你有所保留，想一探究竟。

如果豹貓是你的力量動物

- 你的身心都非常敏捷、靈活。
- 你不太參與團體運動，但你喜歡與自己競賽，想辦法要超越自己。
- 你不用格外費力去搜尋，就能找到真正划算的東西和寶物。

- 你擁有非凡的才智，博學多聞。
- 你投入到一段感情中的時候，會盡力讓自己成為一個忠誠、盡責的伴侶。
- 你是個夜貓子，夜晚的工作效率最好。

138 章魚 Octopus

章魚出現的意義

- 去嘗試和正在過渡到靈界的人們共事、合作。
- 去參加你一直在考慮的瑜伽課，讓你的身體更加柔軟靈活。
- 去做一次完整的全身健康檢查，如果可以的話，執行者最好是具整合醫學背景的醫生，並在檢查中特別著重心與肺。
- 運用敏捷的心思去獲取你在尋找的東西，追求目標的過程要保密，使其不受外在影響。
- 你很快就會發現自己的遙視能力與敏感度正在提升。

召喚章魚的時機

- 你曾有過靈魂出竅或瀕臨死亡的經驗。
- 你處於一個社交環境中，想要融入其中並保持相對低調。
- 你曾經面臨失去，現在希望能盡快恢復，讓一切重新開始。
- 你意識到自己一直埋首於一項工作或計畫之中，以至於忘了照顧自己。

如果章魚是你的力量動物

- 你很習慣面對生死的循環，你可能在臨終關懷機構工作，或是身為一名面對生死問題的治療師。
- 你的身、心、靈方面都相當靈活與敏銳。
- 你很習慣順著生命的潮水流動，很少對事情感到不安，並會根據需求不斷調整和適應，讓生活更輕鬆。
- 你很會隱藏與偽裝，能夠融入人群中不被發現。
- 你天生擁有遙視的能力，特別是沒有刻意為之的時候，你只要單純放鬆，影像就會出現。
- 你是夜行性動物，夜晚時體力更好、工作效率也更高。

139 負鼠 Opossum

負鼠出現的意義

- 為了達成正在追求的目標，你必須付出比自己所認知更多的努力。
- 目前的處境需要你把自己當成一名演員，表現出與你所想所感完全相反的行為。
- 對你關注的目標制訂一些計畫，開發有效的策略，並留有備案，以備不時之需。
- 如果你已經處於困境之中，你的直覺會幫你找到最佳的出路。
- 學習合氣道或太極拳，讓自己在艱難的時刻懂得借力使力、以柔克剛。

召喚負鼠的時機

- 你被壓得喘不過氣，不知道如何處理這些情緒。
- 你意識到自己仍習慣用自欺欺人的方式去面對逆境，想要制訂更有效的策略。
- 你現在要讓自己變得圓滑得體，運用一些外交手腕去掩藏自己真實的想法。
- 你不確定周遭的人，是否試圖製造一些假象來誤導或欺騙你。

・你必須快速為目前的處境找出最合適的應對方案。

如果負鼠是你的力量動物

・你有當演員的天分，可以將其應用在工作、興趣和社交場合。
・你非常關心和保護你所愛的人，尤其是你的孩子。
・你能夠立刻評估與了解一個事件，並找出最好的應對方式。
・你很有彈性，不論身心都非常機靈敏捷。
・你非常善於偽裝，能輕而易舉地騙過他人，讓他們相信你所戴的假面具。
・你很容易能看穿別人的偽裝或面具，但你會接受他們原本的真實樣貌，照樣與對方相處。

140 紅毛猩猩 Orangutan

紅毛猩猩出現的意義

- 你必須拿出自己最好的一面，才能完成已開始進行的事。
- 密切注意與你打交道的人的臉部表情，相信自己所看見的，勝過自己所聽到的。
- 不論你的需求是什麼，盡最大努力發揮創造力，並利用你在周圍環境中找到的可用資源。
- 日常飲食中最好多添加一些水果，讓身體更加健康平衡。

召喚紅毛猩猩的時機

- 你需要靠創意和聰明來解決眼前的問題。
- 你需要用更宏觀的視角來處理目前的情況。
- 你被各種必要的社交應酬壓得喘不過氣，想要花一點時間獨處。
- 你需要被理解、被溫柔地對待。

如果紅毛猩猩是你的力量動物

- 在處理和面對問題時，你能運籌帷幄、靈活智取。
- 你的溝通表達能力很強，經常運用肢體語言，尤其是用臉部表情來幫忙表達。
- 你擁有從手邊的事物中，找到可用資源的天賦。
- 不論男女，你都是非常溫柔的人，很會照顧他人，尤其是對小孩。
- 你與自然界的靈體有很強的連結，例如仙女、精靈、小妖精。
- 你喜歡自己一個人，尤其珍惜獨處的時光。

141 虎鯨／殺人鯨 Orca / Killer Whale

可參考 P.414 鯨

虎鯨出現的意義

- 尋求朋友與家人的合作，以支持你追求想要的目標。
- 你確信自己受到很好的保護，因此無需擔心任何事或任何人。
- 你發現自己與擁有相同靈魂歸屬的人相處，心情都會比較好。所以，用直覺去感受認識的人與最近碰到的人，看看哪些人跟你屬於同一類。
- 格外注意溝通時候的細節，例如肢體語言，特別是說話語調的變化，這比說話的內容更重要。
- 勇敢無畏地把自己的創意想法公諸於世，不用擔心被批評或被拒絕。

召喚虎鯨的時機

- 你覺得自己失去平衡，正被拉往相反的方向。
- 你正在經歷某種危機，渴望得到同伴的支持與鼓勵。
- 你覺得自己被嚴重消耗，需要提振精神與活力。
- 你正在參與一項專案或新創計畫，需要與許多不同的人合作與協調。

如果虎鯨是你的力量動物

- 你熱愛社交，喜歡群體生活，而且你與群體的連結會持續一輩子。
- 你很擅長偽裝自己，在任何情況下，都有能力決定要不要讓自己被發現。
- 你條理分明，擅長組織規劃，不論在休閒還是工作上，都非常享受與他人進行新創、冒險的計畫。
- 你很有創意，但是，你通常會淡化或隱藏你的創造力。

142 魚鷹 Osprey

可參考 P.196 鷹

魚鷹出現的意義

- 俯視眼前一切可能性，一旦找到感興趣的目標，就俯衝下去、抓住目標。
- 你的身體目前需要來自大海的營養，因此，在每週的飲食中，至少有兩餐要加入海鮮。
- 盡可能多吃認證的有機食物，你的身體目前需要細心調養。
- 這是一個讓自己沉浸在創意的能量中，將其導引為適合你的藝術表現形式的好時機。

召喚魚鷹的時機

- 你想在親密的浪漫時刻，為伴侶留下深刻的印象。
- 你準備好進入一段親密關係，並希望吸引理想的對象。
- 你覺得自己被孤立，在情緒與社交關係都很匱乏。
- 你準備好投入一項你有信心會大獲成功的計畫。

如果魚鷹是你的力量動物

- 你喜歡住在一個能夠俯瞰一切的制高點。
- 你渴望擁有一個穩定、獨立、堅固的家，讓自己受到安全的保護。
- 你非常重視家人、工作與朋友，總是把家人放在第一順位。
- 你非常保護家庭和家人，並且會不顧一切地保護他們。
- 你擁有照顧者與保護者的角色（可能是手足中最年長的），而且很擅長照顧小孩。

143 鴕鳥 Ostrich

鴕鳥出現的意義

- 整理出不再有用的東西，騰出空間給新事物。
- 你受到完整的保護，不會遭受任何靈異入侵或精神上的侵擾。
- 為最近得到的靈感和想法，找出實際的用途。
- 勇敢地探索與收集新的靈性訊息，並相信自己在物質世界之中，仍能保持穩定狀態。
- 滿足自己對知識的渴望，無論是正式或非正式的教育管道，好好去進修一番。

召喚鴕鳥的時機

- 你感到精神恍惚，覺得與身體和感官世界都嚴重脫節。
- 你覺得心煩意亂，難以專注於目前的工作。
- 你需要迅速有效率地完成某件事情。
- 你受到太多公眾關注，想要低調一段時間，保有一些隱私。

如果鴕鳥是你的力量動物

- 你能夠進入靈性領域的其他維度，同時維持務實、腳踏實地。
- 你不能容忍任何恐嚇或威脅，你不是選擇離開，就是激烈地為自己辯護。
- 你是非常實際的人，一旦獲得足夠的知識和訊息，就會做出明智的選擇。

・你知道何時該昂首挺胸、讓自己被看見，也知道何時該低調、不引人注目。
・你的消化系統很強壯，幾乎可以吸收任何東西。

144 水獺 Otter

水獺出現的意義

- 該適時放鬆玩樂一下，讓生活更隨興自在、有創意。
- 動手清理家裡那個需要花上一段時間整理的地方。
- 無論你現在遇到什麼困難，都要帶著勇氣、決心和堅定的意志去面對。
- 將你的家庭放在第一順位。
- 你的能量跟活力將會快速提升。

召喚水獺的時機

- 你發現自己過度憂慮，在腦中想像出各種可怕的後果。
- 你經常覺得昏昏欲睡，太常待在室內，而且遇事過分認真。
- 你需要一些溫和輕柔的療癒跟滋養。
- 你已經盡了最大努力以避免衝突，然而，你現在需要果斷的意志，堅定自己的立場。
- 最近你一直覺得壓力很大，埋首於工作且眉頭深鎖，你知道自己需要一些娛樂。

如果水獺是你的力量動物

- 你能夠讓生活變得有趣，富有幽默感，會以好玩、愉悅的態度處理你所做的一切。
- 當你有任務必須完成時，你會堅定不移地堅持到最後。
- 你非常友善、充滿好奇心，熱愛與人相處，相信每個人都是好人，除非他們確實表現出相反的樣貌。
- 你很好相處，從不主動與人爭執與衝突，但是如果有人向你挑戰，你也會正面回應。
- 你精力充沛、充滿活力且富有冒險精神，不喜歡讓自己閒下來。

145 貓頭鷹／鴞 Owl

可參考 P.48 倉鴞、
P.50 橫斑林鴞、P.186 大角鴞

貓頭鷹出現的意義

- 在接下來的幾天，每天傍晚在黑暗中靜默冥想，看看有何事物顯現出來。
- 無論對方是否意識到，對於任何可能的欺騙都要保持警覺，仔細觀察、看穿他們的任何偽裝。
- 時機已經成熟，好好利用自身無窮盡的直覺智慧。
- 靜靜地觀察所處的環境，注視並聆聽可為你所遇到任何問題提供解答的信號與徵兆。
- 現在是預言出現的時刻，你會看到、聽到或感覺到即將發生的事。
- 夜晚是你最有創造力的時刻，因此，可以把傍晚的時間拿來進行任何計畫。

── 如果是鳴角鴞（Screech Owl）

- 即便眼前的工作需要與他人合作，你仍能保有極高的自主權。
- 有人要求你去做某件壓力很大的事，但請先確保你有處理它的勇氣和韌性。

── 如果是短耳鴞（Short-eared Owl）

- 勇敢無懼地回應任何你感受到的批評與障礙。
- 處理你詢問的情況時，要有足夠的想像力，能夠隨機應變。
- 現在對你來說是火熱又激情的時刻，想辦法展現這方面的自己。

- 你很快會在對的時間、對的地點找到自己，好好利用展現在眼前的機會。

——如果是雪鴞（Snowy Owl）

- 要有應對當前情況的策略。
- 保持耐心等待正確的機會出現，然後，盡全力去爭取。
- 你會提前知道什麼是需要的，並且很快地將其展現出來。

召喚貓頭鷹的時機

- 你面臨一項困難的決定，該決定的結果會產生巨大的影響，而你希望做出對各方面都最有利的決定。
- 你想要辨別出某人的真實樣貌，哪一面是真的？而哪一面又是虛偽、騙人的？
- 你正在經歷人生中較為黑暗的時刻，需要一些協助來度過。
- 你正在進行一項全新、極具挑戰性的課程，而你想要提升自己學習新知的能力。
- 你想要發掘自己被埋沒的特質、天分以及屬於自己的部分，讓它們被看見。

如果貓頭鷹是你的力量動物

- 你通常可以看見別人看不見、聽見別人聽不見的東西，並且能夠從假象中辨別出真相。
- 你擁有老靈魂以及與生俱來的內在智慧，隨著個人的成熟，你的智慧也會得到愈寬、愈深的拓展。
- 你對他人擁有非常準確的覺知和感受。
- 你最大的天賦之一就是能夠預知未來。
- 你能夠通過遙視與遙聽的能力，接觸靈性的世界。

146 家牛／已絕育公牛 Ox

請見 P.77 公牛、P.282 麝香牛

147 貓熊／大貓熊 Panda

可參考 P.342 小貓熊

貓熊出現的意義

- 你容易陷入黑白、對錯這種二元對立的觀點，試著跳出這種思考模式。
- 一旦下定決心，你就能夠做任何想做的事，尤其是你發自內心所想之事。
- 去某個可以俯瞰這個世界的地方，在制高點進行冥想，感受當下的自己。
- 不要同時處理好幾個計畫，一個一個來，完成手中的，再處理下一個。
- 把觀音加入靈性導師的陣容之中。
- 相信你的直覺，而不是聽從他人的想法。

召喚貓熊的時機

- 你正在重新考慮已定下的承諾，應該要反悔？維持？還是重新協商？
- 你無法專心處理手中的事情，因為你受到其他事情的吸引，老是分心。

- 你陷入「零和」思維，想不出其他可能的辦法。
- 你有長期的消化道問題，因此開始考慮改變飲食習慣。

如果貓熊是你的力量動物

- 你是一個喜歡獨處的人，因此，如果和伴侶同居，你必須創造一個讓自己保有隱私、神聖的空間。
- 你的消化系統非常敏感，要特別注意自己的飲食。
- 你謙虛低調，但同時又非常堅強。
- 你喜歡井然有序地處理事情，在完成一件工作後到處理下一件工作之前，你會好好地享受當下的成就感。

148 豹 Panther

請見 P.220 美洲豹、P.245 花豹、P.285 豹貓

149 鸚鵡 Parrot

鸚鵡出現的意義

- 要能辨別出何時該說話以及何時該安靜，並遠離八卦流言。
- 現在很適合研究光與色彩的力量及影響。
- 留意腦海中一閃而過的新想法，這可能會讓你對自己的成長與方向產生新的見解。
- 重新審視和更新你的夢想，因為現在是採取行動的最佳時機。

召喚鸚鵡的時機

- 這段時間你的心情很鬱悶，希望從這種情緒中釋放出來。
- 你想成為表達及聆聽俱佳的溝通者。
- 你想求助於太陽的力量，進行療癒儀式。
- 你太好說話而且太隨和，你想讓自己能更謹慎地辨別事物。

如果鸚鵡是你的力量動物

- 你很隨和、脾氣很好，與任何人都能相處融洽。
- 你處事圓滑、很有外交手腕，很適合調解衝突與危機。
- 當你走進一個空間，你就能照亮那裡。
- 你能透過光和色彩療癒他人。
- 你擅長聲音模仿，常藉此戲弄他人。

150 孔雀 Peacock

孔雀出現的意義

- 你即將看見一個景象，這將會大大地改變你的人生以及你前進的方向。
- 在這個時間點，與其採取行動，不如維持謹慎的態度，仔細觀察內心與周遭的變化。
- 你很安全，而且受到完整的保護，因此無需擔心。
- 現在最重要的是，勇敢地說出真相而非隱瞞，而且在短時間內，你會有充分的機會去實踐這一點。
- 此刻的你特別需要拿出尊嚴與保持正直，因此務必要求自己言行一致、抬頭挺胸。

召喚孔雀的時機

- 你即將做出一項重大決定，下決定前，你希望能夠考慮到所有可能發生的影響與後果。
- 某人跟你說了一件事，你懷疑事情的真實性，並希望借助外界協助，來幫你辨別真相。
- 不論是情感上還是實際空間，你正進入一個全新且陌生的領域，需要一名守護者，提供你關於任何危險的各種警告。

- 你的自尊心比較低，希望自我感覺更好一點。
- 你有機會在某個場合進行表演，而且你必須穿上色彩繽紛的服裝。

如果孔雀是你的力量動物

- 你很喜歡展現自己，風格華麗浮誇，喜歡用五顏六色的服裝來裝扮自己。
- 你能夠進入自身內在深層的智慧，當別人問起時，你也隨時能與他人分享心中的知識。
- 你帶有一股高貴的氣質，流露出自信與溫暖。
- 你擁有不可思議的幸運，隨時都受到保護，而且似乎總能躲過任何的不幸。

151 鵜鶘 Pelican

鵜鶘出現的意義

- 原諒自己或別人，釋放累積的內疚及怨恨。
- 擺脫讓你感到沉重的一切事物，無論是財產、情緒還是心理上的衝突。
- 向前衝，對於最近出現的機會不妨去大膽嘗試。
- 對於你現在正在參與的計畫，應該把注意力放在與他人合作而非競爭。

召喚鵜鶘的時機

- 你對某人感到生氣，心生不滿，想要釋放這種情緒，讓心情好一點。
- 你覺得自己被沉重的情緒所壓垮，希望能跨越過去。
- 你面前有一個機會，從各方面看起來都很對，但你要盡快採取行動，並相信那是正確的選擇。
- 你正面臨一些考驗與磨難，需要讓自己抬頭挺胸。

如果鵜鶘是你的力量動物

- 無論你生命中或周遭發生了什麼事，你都能保持輕盈和愉快的心境。
- 你很無私大方，願意分享你的空間與財富。
- 你善於交際，大部分時間都喜歡與人群相處。
- 你的直覺力很強，能夠留意到別人錯過的細微差異。

152 企鵝 Penguin

企鵝出現的意義

- 你比自己想像中的更強大、更有耐力。
- 請時刻記住，你的內與外都已獲得一切所需，足夠讓你擁有美好的一生。
- 你即將體驗清醒夢，在夢裡你的意識會完全清醒，而且可以改變夢中的任何細節。
- 現在是嘗試改變意識狀態的絕佳時機，尤其像是進行靈魂出竅的意識旅行。
- 不管你覺得自己正在受苦還是在忍耐，盡可能地對自己和他人抱持著愛、同情和耐性，你就能跨過這個階段。
- 你即將面臨意志上的考驗，然而，只要你的意志、目標與精神一致，就能順利度過難關。

召喚企鵝的時機

- 你正面臨一項需要大量耐心和毅力的工作。
- 你對過去某件事感到愧疚與後悔，你想放下，不再折磨自己。
- 無論是暫時還是長期，你都處於對自己情緒或身體都算嚴酷的環境中。
- 你覺得很孤單、與朋友疏遠，想要建立更深的連結，增加彼此的關懷與親密感。

如果企鵝是你的力量動物

- 即使身處在最嚴苛的環境，你仍有強大的耐受力。
- 面對自己的孩子或是你照顧的人，你總是充滿愛心與耐心，相當保護他們。
- 你總是用腳踏實地的態度去面對任何挑戰。
- 無論你的性別為何，你都是個相當平衡的人，能夠自在地面對內心陰性與陽性的部分。
- 你擁有一種天賦，能夠自在地在不同的意識狀態下有效運作。

153 雉雞／環頸雉 Pheasant / Ring-Necked

雉雞出現的意義

- 今年春天，著手打造一座花園，不論在室內還是室外，種植一些你喜歡的植物。
- 你可能想找出自己與亞洲的前世連結，尤其是中國或印度。
- 腳踏實地才能使你處於最佳狀態，因為如此一來，你就能破解那些深奧的靈性訊息，作為實際運用。
- 穿上繽紛有趣的衣服，純粹當做一件好玩的事，然後獨自到戶外走走，或是跟朋友一起出門活動。
- 你的性欲與活力都達到頂峰，請盡情享受。

召喚雉雞的時機

- 你正經歷一段艱難的時期，需要抬頭挺胸、保持信心，相信一切都會過去。
- 你的內心有顆創意的種子正在萌芽，渴求被展現出來。
- 你想要營造浪漫的氣氛，與伴侶共度親密的夜晚。
- 周遭事物在你眼中都是黑白的，無論在現實中或象徵上的意義，你都想為生活注入一些色彩。

如果雉雞是你的力量動物

- 事情不如意時，你也能默默地耐心承受，不論需要多久，你堅信一切都會雨過天青。
- 你喜歡沒有界限的開放空間，只要有足夠的綠意讓整個環境更加有趣，你就能在那裡自由自在、隨心所欲地盡情漫步。
- 你特別喜歡在舊物或清倉拍賣中，翻箱倒櫃地尋找被隱藏的寶物。
- 你樂於擁抱新的體驗，特別喜歡結識新朋友。
- 你很享受人、物、空間之中的多樣性。

154 豬 Pig

請見 P.71 野豬

155 鴿 Pigeon

鴿出現的意義

- 你將從出乎意料的方式和管道，獲得一項重要的訊息。
- 持續專注眼前的目標，堅持下去，你終能成功。
- 無論你在世界的哪一個角落，只要閉上雙眼回想起家的樣子，然後將那種感受深深吸進身體裡，你就能找到回家的感覺。
- 如果你正在經歷任何的痛苦掙扎，請向家人和好友尋求支持與理解。

召喚鴿的時機

- 你覺得孤單無助、迷失方向，需要找到回家的路，無論那個家在何方，以及在你心中代表著什麼。
- 你有個漂泊不安的童年，長大後，希望體驗到更多安定、平靜與歸屬的感覺。
- 你還要很久才能達成目標，需要足夠的耐心與毅力來完成。
- 你正在嘗試受孕。
- 你想向某人傳遞一個重要的訊息，卻無法透過一般的管道讓對方收到。

如果鴿是你的力量動物

- 你很享受待在家中的時光，除非必要，絕不冒然外出。
- 無論性別為何，你都擁有強烈的母性本能。
- 你以家庭為優先，如果要花時間與別人相處，家人絕對是你的第一選擇。
- 你有非常明確的價值觀與道德觀，但不會強加於他人身上。
- 你為自己的成就感到自豪，但你不會沉浸在自己的成就之中，反而會繼續追求其他目標。

156 鴨嘴獸 Platypus

鴨嘴獸出現的意義

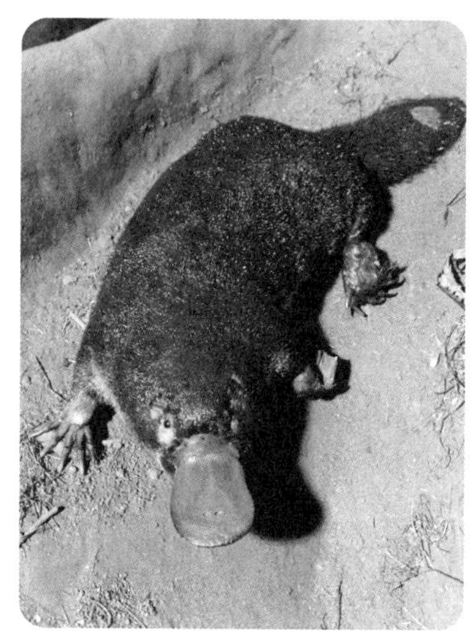
©Bettmann/CORBIS

- 現在是你敏感度大增的時期，要仔細注意身體給你的提示。
- 花時間去覺察任何一場重要的相遇，與其背後的層層意義。
- 與其迎合他人的要求或適應他人的步調，還不如順著自己內在的律動，跟著自己的節奏行動。
- 你要對目前的處境抱持絕對的信心，順應而為；不要與之對抗，也不要變得被動、毫無反應。
- 你的遙視能力正在提升，你發現自己更容易相信內心之眼。
- 把在地下生長的食物加入日常飲食中，例如馬鈴薯或胡蘿蔔。

召喚鴨嘴獸的時機

- 你試圖理解一件看似奇怪或詭異的事情。
- 你最近經歷了一場驚嚇或創傷，雖然感覺還有點麻木，但你已經準備好進行一些療癒，重新喚醒身體的感覺。
- 你一直無法重新回到一項重要的專案，好好把它完成。
- 你難以理解最近經歷的一件事，想要用正確的視角去檢視。

如果鴨嘴獸是你的力量動物

- 你有靈敏的運動知覺，能夠探測與移動體內的能量電流。
- 你天生具有遙感的能力，能成為很棒的能量療癒者。
- 你非常敏感，不過，大部分的時間你都相當地輕鬆自在。
- 你很喜歡追根究柢，經常去探究自身經歷背後更深層的意義。
- 雖然你的外表比較特別，但你很有魅力又和藹可親，大家都喜歡你。

157 北極熊 Polar Bear

可參考 P.53 熊

北極熊出現的意義

- 當你在溝通和行動時，要保有果斷與堅決的態度，但在必要的時候，也要願意讓步。
- 尊重自己，始終保持自己的尊嚴。
- 在採取行動之前，先停下來觀察一下情況，接著，在你準備好要行動時，毫不猶豫地全心投入。
- 只消耗能夠完成眼前工作所需的精力，而不要把力氣轉移到無關的事情上。
- 現在很適合滋潤與保養你的身心靈，所以準備好你需要的東西。
- 你即將開始一段靈性冒險，喚醒你沉睡中的內在天賦和特質。

召喚北極熊的時機

- 你面臨生活中一項重要的改變，但你很難接受這個變化。
- 不論原因為何，你在某個情境中感到害怕、受到威脅；你想得到安全感，讓自己變強壯，免受任何傷害。
- 你的情緒被壓抑，想要一點一點地把它們釋放出來，如此才能解開情緒對你的束縛。

- 你已經消耗了巨大的能量，目前存量很低，所以，你想要更有效地運用現有的精力。
- 你進行的工作橫跨靈性世界與物質世界，因此，你需要一名有經驗的優秀嚮導。

如果北極熊是你的力量動物

- 你擁有很強的生命力與極高的適應力，身體與心靈都非常強壯。
- 你會自信但謹慎地面對新情況，不過，一旦確定時機成熟，你就會投入進去，進行更深入的了解。
- 你擁有純粹的心靈，知道自己是誰。
- 你堅定地相信那個支配一切的「力量」，這個力量會以你本人、或是透過你的方式展現出來。
- 你是個強大的人，無論走到哪裡、遇到什麼人，大家都很尊重你。

158 豪豬 Porcupine

豪豬出現的意義

- 確保飲食中包含富有營養價值的有機蔬菜，特別是綠色蔬菜。
- 按照你自己的步調前進，不要因為他人或外在環境的壓力而匆促行事。
- 你受到周全的保護，所以別擔心，儘管放輕鬆地去享受正在做的事。
- 只要你尊重他人，他人也會對你抱持同樣的尊重。
- 要知道，只要對自己有信心，你的魔法就一直都在。

召喚豪豬的時機

- 有人對你態度很不好，你想要保護自己。
- 你覺得自己被困在既定日程和忙碌的生活之中，很想念可以盡情探索與漫步的時間。
- 你看待生活太嚴肅了，需要放鬆一下，帶著比較隨興的心情去面對事物。
- 你的身邊出現了某種潛在的威脅，需要有效的前兆為你示警。

如果豪豬是你的力量動物

- 你心地善良、溫柔、有愛心，好好享受你所參與的任何事情。
- 你喜歡探險，對各種事物充滿好奇心，會熱情地去追求感興趣的事。
- 你很難被激怒，但是，一旦到達你的臨界點，你會有力的回擊對方，使其受傷。
- 你與他人互相寬容、互不侵犯，這是來自於內心對他人尊重，而非受到任何脅迫。
- 你能夠恰當地面對和處理危機，不會驚慌失措，也能在需要的時候隨時應戰。

159 鼠海豚 Porpoise

請見 P.130 海豚

160 草原犬鼠／北美土撥鼠 Prairie Dog

草原犬鼠出現的意義

- 透過志工服務或公民活動，多多參與社區活動。
- 留點時間給自己，例如閉關或者安靜一整天，讓自己好好充電，才能用全新的視角來審視現況。
- 增加飲食中的蔬食量或者吃素幾天，並留意自己感受到的任何變化。
- 在這件事情裡，你實在逼得太緊，所以一直遭到反對；請往後退一步，休息一下，讓自己用不同的視角來看待這件事。
- 你要有明確的辨別能力，才能判斷出進攻和防守的最佳時機。

召喚草原犬鼠的時機

- 你感到孤單，想要有人陪伴。
- 現在的你蠟燭兩頭燒，需要在耗盡力氣之前，暫時休息一下。
- 你被責任壓得喘不過氣，被手中的工作團團圍住，卻看不到任何進展。
- 你覺得有事情在煩擾你，但對此完全沒有頭緒，所以需要時間去探究分析，才能找出正確答案。

如果草原犬鼠是你的力量動物

- 你熱愛社交活動，和自己的社群有著緊密的連結。
- 對於可能會榨乾你精力的情況和人際關係，你知道該在何時、以及該如何撤退。
- 你能夠順其自然，很少對任何事情感到不安。
- 雖然你熱愛戶外活動，但你對陽光非常敏感，要使用太陽眼鏡和防曬油來保護自己。

161 螳螂／合掌螳螂 Praying Mantis

螳螂出現的意義

- 學習武術對你有益，如功夫、氣功、太極，這些武術內含強大的冥想與靈性要素。
- 即使每天只有幾分鐘，也要把祈禱、冥想或默觀當做每天的功課。
- 傾聽自己的直覺，讓它告訴你何時該前進、何時該後退。
- 花一點時間待在大自然裡，並盡可能地長時間練習靜止不動，除了呼吸，別無雜念。
- 考慮重新引導自己的能量，將能量從行不通的事情中抽離，將注意力放在行得通的事物上。

召喚螳螂的時機

- 你覺得能量受到堵塞或阻礙，大大削減了你的活力。
- 你覺得自己被時間與日程所制約，希望可以不用考慮這些行程，自由運用一段時間。
- 你被周圍環境的刺激所淹沒，希望享有平和與寧靜。
- 你知道自己需要進行某種靜心的練習，但不確定最適合自己的方式是什麼。

如果螳螂是你的力量動物

- 你處於中心位置且平衡的狀態，而且你的動作非常流暢、優雅。
- 你很相信自己的直覺，信任它會引導你做出正確的行動。
- 你很有耐心，觀察入微，可以長時間保持專注。
- 祈禱與冥想是你人生中的重要功課。
- 你會進行靜心的功課，而且相當擅長這項練習，讓自己外在的心智安靜下來，並在靜心結束之後，善加運用練習後更豐盛的內在與靈性資源。

162 海鸚 Puffin

海鸚出現的意義

- 坐而言不如起而行。所以，不要把重心放在說出口的話語，而是去注意自己和他人用肢體語言與聲音特徵所傳達出來的意思。
- 每天至少花幾分鐘進行祈禱，著重於感恩而非祈請。
- 此時適合把真實的感受隱藏起來，而不是表現出來。
- 在採取行動之前，盡自己所能看見未來道路的方向。

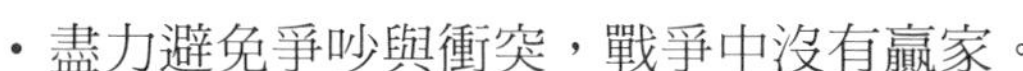

- 盡力避免爭吵與衝突，戰爭中沒有贏家。
- 放鬆一點，為靈性之路注入一些樂趣與幽默。

召喚海鸚的時機

- 工作變得有些拖泥帶水，你想為工作創造一些趣味，讓自己更享受工作。
- 你想要改變自己消極、負面的想法，轉為正向、積極的思維，為生活帶來豐饒與富足。
- 你對自己的宗教信仰或靈修太過認真堅持，希望能放鬆一點，在靈性的道路上仍能玩樂與歡笑。
- 你的信念受到挑戰，這對你造成沉重的負擔。
- 你對生活的態度過於嚴謹，以至於變得陰鬱和孤僻。

如果海鸚是你的力量動物

- 你必須住在水域附近，才能維持生活的平衡。
- 你擁有強大、準確的直覺，這樣的能力對於通靈與療癒方面來說都非常寶貴。
- 不論從事什麼工作，你通常都很風趣、平和。
- 你的靈性生活很正向、完整，能從中保持趣味與幽默感，不會過於嚴肅。

163 美洲獅 Puma

請見 P.111 山獅 / 美洲獅

164 蟒蛇 Python

請參考 P.370 蛇

蟒蛇出現的意義

- 你很快會踏上一個學習歷程，需要快速地吸收很多知識。
- 你對生命中某個部分感到很窒息，但是，這只能靠自己去突破。
- 你正歷經一場重大的轉變，會為你帶來全新的進化。
- 你即將擺脫一些沒有用處的東西。
- 機會來臨時，請記得「打鐵趁熱」這句話。

召喚蟒蛇的時機

- 你正在經歷生命中任何困難的改變。
- 你有太多訊息同時出現，希望能夠消化它們。
- 你剛剛完成一項專案，準備好好休息與放鬆。
- 你現在的經濟狀況相當窘迫。

如果蟒蛇是你的力量動物

- 你是很有影響力的人，受到大家的敬重。
- 你是盡責的家長，願意提供孩子足夠的溫情和照顧。
- 你喜歡學習新事物，一旦發現引起興趣的事物，你會狼吞虎咽地快速消化。

- 一旦你決定了自己想要什麼，就會用無比的熱忱向目標快速邁進。

165 鵪鶉 Quail

鵪鶉出現的意義

- 花一週的時間遠離垃圾食物和速食，攝取健康、有營養的食物，也可以自己準備。
- 你即將展開一項創作活動，可能會耗費你的心力，卻也會拓展你對於自我的感知。
- 如果你覺得受到威脅或批評，不要正面回應，嘗試轉換話題或藉故離開幾分鐘，以此分散對方的精力與注意力。
- 你即將發現更深層的自我，對自己的靈魂的命運和使命有更深刻的認知。

召喚鵪鶉的時機

- 你收到能夠滋養你的禮物，想要表達感謝之意。
- 你即將展開一段浪漫的親密關係。
- 你想知道自己的靈魂名字（soul name），很好奇這個名字唸出來的感覺。
- 你將參與寶寶命名或新生兒祝福的儀式。

如果鶴鶉是你的力量動物

- 你最快樂的時刻是和一群至親好友相聚，一起參加活動。
- 你樂於付出，而且接受你付出的人們，身心都會受到滋養。
- 你是一個浪漫又貼心的伴侶，非常認真維繫彼此的關係，很重視雙方情感與肢體的親密接觸。
- 在別人最意想不到的時候，你有時會突如其來地哼起歌、大聲宣告甚至大笑出聲，帶動當下的氣氛。

166 兔 Rabbit

可參考 P.194 野兔

兔出現的意義

- 對你而言，現在是具有高度創造力的時刻，所以，快速地善用任何不期而遇的機會十分重要。
- 接下來幾天要特別警戒，如果出現任何威脅，請盡速遠離。
- 在未來幾天嘗試吃素，並且留意自己的感受。
- 你會看到某事以驚人的速度快速發展，而不是平穩、按部就班的進行。
- 你發現自己正在度過一個安靜平穩的階段，之後就是一場相當忙碌的時期。
- 坦率且毫不遲疑地向最親近的人，表達自己的愛。

召喚兔的時機

- 眼前出現一個重大的機會，你要快速行動才能抓住這個機會。
- 你想要有小孩，但是努力的過程出現了一些挑戰。
- 有一項計畫的進展太過緩慢，截止期限近在眼前。
- 你的創作能量低落，想要提振一下。
- 你覺得自己太嚴肅、缺乏活力，想要讓自己活躍起來。

如果兔是你的力量動物

- 你所擁有的智慧、常識和機智對你很有助益，能幫你脫離困境與不舒服的情況。
- 你有勇有謀，總是準備好對策，而且反應相當敏捷，善於因應需求隨機應變，尤其是在充滿壓力的情況下。
- 你是絕對的樂觀主義者，永遠積極正面，所以你發現自己很難容忍沮喪與悲觀的想法。
- 在生活與工作中，你會在相對平靜與極度忙碌的兩種狀態中循環。
- 你非常敏感、善於表達、有藝術天分，別人常訝異你擁有如此深刻的智慧。

167 浣熊 Raccoon

浣熊出現的意義

- 不論你心中有多大的疑惑，你目前所需的資源其實早已唾手可得。
- 周遭有欺騙的事情發生，傾聽並信任自己的直覺，它會告訴你答案。
- 與其以目標為導向，不如讓自己的好奇心沉浸在開放式的探索之中。
- 仔細注意先人或已故親人捎來的跡象和徵兆。
- 在接下來的幾天裡，要保持情緒與精神的靈活度，因為你即將面對需要適應快速變化的環境。

召喚浣熊的時機

- 你有一項工作，需要靈巧的手作能力。
- 你覺得生活停滯不前、枯燥乏味，渴望去冒險與探索。
- 你面臨充滿挑戰的局面，需要你靈活應變、快速適應。
- 在即將舉行的社交活動中，你要換上另一副面孔，才能讓自己融入其中。
- 你需要保持堅定、機智、敏捷，甚至是偽裝來保護自己。

如果浣熊是你的力量動物

- 你運用直覺的能力是與生俱來的。
- 你善用雙手來表現自己的創造力，像是雕刻、繪畫、寫作或其他手作方式。
- 在任何時刻，你都非常擅長找到自己需要的資源。
- 你有極高的適應力與靈活度，幾乎在任何地方都能感到相當自在。
- 你擁有很多不同的角色面具，能夠因應情勢，為自己戴上最適合的那一張面具。

168 公羊／大角羊 Ram / Bighorn Sheep

公羊出現的意義

- 無論你在進行何種計畫，現在是付諸行動的時刻。
- 你的生活中出現了一些失衡的地方，找出原因，然後採取行動、進行修正。
- 現在很適合進行知識或教育的進修，請開始制訂計畫，並且確實執行。
- 你已經準備好要迎接新的挑戰，因此，一旦遇見引起你注意的事物，就勇往直前地面對。
- 你即將或正在經歷靈性上的啟示，這會讓你對自己產生不同的認知。

召喚公羊的時機

- 你的能量很低，需要振奮精神，讓自己感覺更加強壯、有力量。
- 你正在處理極具挑戰性或壓力很大的事，希望維持一定的平衡。
- 你正要開始一項新計畫或是一段新的關係，希望能在腳踏實地的狀態下大步前進。
- 你覺得自己的活力與生命力都在下降，想要恢復這些特質。

如果公羊是你的力量動物

- 你很有自信，毫無疑問地相信自己、信任自己的能力。
- 你自制、獨立、情緒平穩，不易受周遭環境的影響。
- 你很內斂，很少與他人交流你的想法或感受。
- 你很有想像力，隨著年紀的增加，好奇心也愈來愈重，願意去追求任何吸引你注意的事物。
- 你非常隨興，甚至有點衝動，當新機會出現時，你會迅速採取行動。

169 大鼠 Rat

大鼠出現的意義

- 有個項目或投資即將獲得回報。
- 雖然你心裡常感到恐懼或憂慮，但其實你一直都擁有很豐富的資源。
- 此刻的你適合謹慎行事，盡自己所能去預想即將發生的事。
- 對於擁有的物品進行一次盤點，回收或丟棄不再有用的東西。

召喚大鼠的時機

- 你參與了一項投資，很希望能夠成功，但你對此不是很確定。
- 你對於生活必需品有很強烈的不安全感，導致你一直在囤積這些東西，甚至超過現實生活所需。
- 你決定要進行一次徹底的大掃除，好好整理自己的東西，清理出大批不需要的物品。
- 你與一名精明尖銳的人共事，你希望保持聰明與機靈的狀態以保護自己。

如果大鼠是你的力量動物

- 你喜歡囤積物品，因為這能帶給你安全感。
- 你對周遭環境的適應力很強，能夠巧妙利用身邊既有的資源。
- 你能運用自身的聰明才智（甚至是小聰明）來達到目的，並享受成功的感覺。
- 你個性害羞、比較緊張，容易感到焦躁不安。

170 響尾蛇 Rattlesnake

可參考 P.370 蛇

響尾蛇出現的意義

- 注意任何警告你保持距離的跡象或預兆，尤其是你聽到的聲音。
- 為了健康，請進行三到七天的排毒療程，釋放體內的毒素。
- 將接下來幾晚的夢境記錄下來，因為它們能夠為你正在經歷的事提供線索和指引。
- 你對他人氣場的敏感度將會提升，你的視覺與感受會比過去更強烈，所以與別人相處時，請相信自己看到或感受到的事物。
- 目前你為身體或情感上所進行的療癒，會為自己開啟一場重要的自我轉變，讓你自己、家人和朋友都受益良多。

召喚響尾蛇的時機

- 你開始進行一段療癒童年傷痛的旅程。
- 你需要釋放任何身體、心靈、情緒或精神方面的毒素，或是放下任何干擾你身體健康與靈性道路的不愉快關係。
- 你正在經歷生命中的一些重大改變，必須拋開一些舊習慣、上癮的癖好、個人財產或是某種生活方式。
- 你正經歷一段質疑自我認同的時期，因為你改變了很多，以至於原有的你看起來像是一種熟悉的過去。

如果響尾蛇是你的力量動物

- 你是強大且富有同情心的療癒者，而你的天賦來自於療癒自己的傷口。
- 你不太會生氣，在情緒到達引爆點前，你會給予足夠的警告；然而如果對方不理會這些警告，你就會在身體或言語上進行猛烈的反擊來保護自己。
- 你是夜行性動物，喜歡在晚上活動。
- 你的夢境非常活躍且深刻，做過很多次清醒夢。

171 渡鴉 Raven

可參考 P.121 烏鴉

渡鴉出現的意義

- 空氣中充滿魔力，一些特別的事情即將發生。
- 留意夢境與預視的訊息，尤其是色彩繽紛又充滿力量的影像，這些都是預言的訊息。
- 面對任何承諾或關係，要非常清楚自己的意圖是什麼，因為無論那是什麼，都會表露出來。
- 你正逐漸形塑出一個更有自信、更具力量、更有靈性的自己；愈能放下舊有的自己，你的轉變就會愈大。
- 接下來幾天你將碰到非常多的共時事件，只要有注意到就好，好好觀察與欣賞，不必試圖探究原因。

召喚渡鴉的時機

- 你需要釐清自己對於工作、關係或靈性道路的意圖，才能在現實世界中將其顯現出來。
- 你的童年特別痛苦，希望能找回失去的天真與快樂。
- 你的生活失去了魔力，想要重新找回對萬物的敬畏之心與驚奇的感受，並將自己的渴望展現出來。

- 你需要身體或／與情感的療癒，並希望加強現有的療癒方式。
- 遠方你所關心的人生病了，或是在彼處，有很多人正在受苦，你想將自己的祈禱與療癒的能量遙寄給對方。

如果渡鴉是你的力量動物

- 比起他人的陪伴，你更喜歡獨處。
- 隨著自己的成長，你的靈性覺知也愈來愈強大，同時，展現自己偏好與渴望的能力也逐漸增強。
- 你擁有靈性的療癒能力，當你出現時，身旁的人都能感受到這股力量。
- 你必須警惕那些干擾你達成使命、甚至會將你拉離軌道的個人陰影。
- 你很容易就能與動物溝通。
- 你身上帶著一絲含蓄的自信與力量，對周遭發生的一切保持警覺。
- 你總是知道該做什麼，必要的時候，你會快速又果斷地去執行。
- 你天生擁有改變自己外形的能力，能夠在不同場合偽裝自己，甚至到了近乎隱形的地步。

172 小貓熊 / 紅貓熊 Red Panda

可參考 P.302 貓熊

小貓熊出現的意義

- 盡己所能為自己打造一個安全與安穩的「家」。
- 傍晚時分，在黑暗的房間進行冥想，將每次的體驗記錄成日誌。
- 你需要更多的休息，所以請允許自己多休息。
- 探索自己在遠東的前世經驗，可能的地區有尼泊爾、西藏、緬甸和中國。
- 選擇素食飲食一段時間，並確保食物多樣化。
- 少擔心，多玩樂。

召喚小貓熊的時機

- 過去能讓你依賴、獲得安全感的東西已經不存在了。
- 你對東方的靈性信仰很感興趣。
- 你想對自己的飲食習慣做出正面的改變。
- 你正在為自己想像出來的災難感到煩惱與擔憂。

如果小貓熊是你的力量動物

- 當你知道自己有穩固堅實的基礎，就會感到非常安穩、很有安全感。
- 你絕對是夜貓子，好的想法都在太陽下山後才出現，也能在夜間完成大部分的工作。
- 跟大份量的正餐比起來，你比較適合少量多餐。
- 對於經歷過的所有事，你都會用比較隨興、輕鬆的態度看待。

173 犀牛 Rhinoceros

犀牛出現的意義

- 嘗試獨自做一些事情，例如一個人吃飯或看電影。
- 做任何能讓自己腦袋平靜的事，例如為自己保留一些安靜、放鬆的時間。
- 此時要特別小心辨別自己做出的選擇，在沒有經由直覺和理智收集到足夠的資訊之前，不要做出任何重大的決定。
- 盡可能避開任何的爭執與衝突，盡力維持和平與和諧，就算必須退一步也沒關係。
- 與其一股腦往前追求自己的靈性理想，不如一步一步來，保持耐心和毅力，在過程中享受當下而不是追求目標。

── 如果是白犀牛（White Rhino）

- 你很快會遇見古老的奧祕和智慧，並且將其逐漸融入你的生活當中。
- 你將會獲得一件稀有且珍貴的物品，對你個人而言意義重大。

—— 如果是黑犀牛（Black Rhino）

・你獲得了完整的保護，不會受到任何傷害，此外其他的一切都是假象。

召喚犀牛的時機

・你極需獨處，想要從日常行程中抽離出來，遠離身邊的人去喘口氣。

・你覺得有必要保護你的個人空間免受任何侵擾，包括超自然力量的干擾。

・有東西「聞起來」很奇怪，但你不確定那是什麼，也不知道要如何回應。

・你懷疑某人或某事表象之下的真相，感覺檯面之下還藏有沒看見的東西，你想深入挖掘、找出真相。

如果犀牛是你的力量動物

・你偏好獨處，比較喜歡自己一個人。

・你知道如何創造與享受自己的個人空間。

・有些人一開始會因為你的外表而害怕你，然而認識你之後，就知道你其實是一個非常溫柔、平和，甚至有點害羞的人。

・你是很有靈性的人，與古代有著深厚的連結，不過你把這些智慧都放在心裡，不會刻意顯露出來。

・你是個非常可靠的人，很少有事情能動搖你。

174 走鵑 Roadrunner

走鵑出現的意義

- 生活中發生了一些狀況，你需要當機立斷，快速改變方向去適應新的道路，不過，這些都是你很擅長的事情。
- 如果你有什麼東西想要付諸實現的話，現在正是制訂計畫、開始行動的時刻。
- 願意自嘲，不要太嚴肅地看待自己一些奇怪的特質。
- 你可以透過聲音，嘗試用不同方法去幫助自己和他人的身心靈。
- 先照顧好自己再去幫助別人，如此一來，你才能在服務別人的時候全心投入。

召喚走鵑的時機

- 你正在參與的某項計畫、工作或遊戲，需要快速靈活的反應。
- 你需要一些靈性和智慧上的啟發，你最近很缺乏這些靈感。
- 你想要放鬆心情、順流而為，讓自己更盡情地享受生活。
- 你需要好好大笑一場。
- 你覺得有人想戲弄你或對你惡作劇。

如果走鵑是你的力量動物

- 你熱愛沙漠，想在沙漠中盡可能待久一點。
- 你是個行動派，很享受投入計畫的感覺，不論是為了興趣還是收入。
- 你思緒犀利，腦筋動個不停，隨時都在思考和分析。
- 當你嘗試與他人溝通想法的時候，你必須提醒自己要慢下來。
- 你經常要同時處理多項事務，通常不會先完成一項、再進行下一個項目，但你總能在必要的時候完成工作。

175 知更鳥 Robin

知更鳥出現的意義

- 捨棄生活中陳舊停滯的事物，為新事物種下種子，著手思考下一年的目標和計畫。
- 拋下自己對一些戲劇性事件的情緒依附，盡可能地讓生活充滿歡笑。
- 你的靈性之路平穩、緩慢且時有挑戰，然而，你終會達到自己的理想。
- 你的內心有一首美妙的歌，請盡自己所能與世界分享這個美好。
- 準備迎接生活中不同領域的提升。
- 許下願望，耐心等待，見證願望的實現。

召喚知更鳥的時機

- 你開始執行一項新計畫或進入一段新關係，想移除一些阻礙，讓一切能夠成功順利。
- 你經歷了一段驚奇又深刻的靈性啟發。
- 你正在考慮進行歌唱相關的課程，可能是為了職業進修、增加自信或純粹出於興趣。
- 可能會發生某種衝突，你不希望情況加劇，演變成肢體衝突。
- 你意識到自己正處於某個重要階段的尾聲，準備邁入新的開始；你想盡可能地享受這個過渡時期。

如果知更鳥是你的力量動物

- 你是個快樂的人，常哼著歌或吹著口哨，你的歡樂也經常感染他人。
- 你的前世和基督有某種連結，不論你現在是否為基督徒，你都知道自己今生肩負神聖的使命。
- 作為虔誠的靈性追求者，你頃盡所有資源去開發自己的靈性本質。
- 你喜歡在一個地方安頓下來，勝過於經常四處遷徙。
- 你來到地球的主要任務就是在言行之間，盡一切力量展現神的旨意。

176 蠑螈 Salamander

蠑螈出現的意義

- 你將經歷一個微妙的轉變，千萬別急著催趕這個變化，讓一切順其自然地展開。
- 你將獲得意想不到的協助，幫你處理目前進退兩難的局面。
- 與周圍的人、事、物相互配合，是你此刻成功的關鍵。
- 如果你正在建立新的人際或生意上的關係，切記三思而後行。
- 在即將經歷的轉換過程中，控制好自己的情緒，免得在這些改變上耗盡心神。

召喚蠑螈的時機

- 你的計畫需要注入一些新鮮的靈感，所以，你必須跳脫舊有的框架去思考。
- 生活變得像例行公事般一成不變，你不想被困住，卻不知道如何才能改變現狀。
- 你的人生正在經歷一場改變，需要消耗大量精力與能量。
- 你的情緒超過負荷，需要讓自己穩定下來，才能明白自己真正的感受。

如果蠑螈是你的力量動物

- 你對周遭環境非常敏感，在純淨無毒的環境中，你才能發揮最佳狀態。
- 在充滿創意和正能量的環境中，與志同道合的人一起生活、工作，對你的身心健康非常重要。
- 你比較冷淡、與人保持距離，不輕易對他人傾吐內心。
- 儘管你擁有深厚的智慧可以傳授給他人，你依舊會刻意保持距離，不太與人親近。
- 被激怒的時候，你會變得非常激動。

177 鮭魚 Salmon

鮭魚出現的意義

- 不論過程中遭遇多少挑戰和挫折，只要堅持不懈就能達成目標。
- 此刻的你，必須相信自己的直覺和內在感知，才能屏除外界不懷好意的影響，這一點至關重要。
- 你會經歷某種失去，可能是一段關係或是搬家，不過，這會為你帶來全新的開始。
- 透過某種自願性的犧牲，你將重生成為全新的自己。
- 鮭魚的出現象徵著豐饒，你將擁有超過自己所需的東西，並且足以與他人分享。

召喚鮭魚的時機

- 你感到失落與迷惘，不確定人生的方向，需要一些指引。
- 你在尋找人生的意義和使命，尤其是準備邁入新階段的時候。
- 面臨一些重大決定時，你不確定自己是否應該相信外在的影響。
- 你嘗試從一些特殊的經驗去了解人生的課題，不論是正面還是負面的經驗。

如果鮭魚是你的力量動物

- 你的人生經歷讓你充滿智慧，他人也經常求教於你。
- 你總是很清楚自己的目標，也明瞭達成目標的方法，一向有始有終。
- 別人可能會覺得你有點冷淡、疏離，甚至有點奇怪或與眾不同，但是，他們仍會受到你的吸引。
- 雖然你也會聽取別人的建議，但最終仍是依據自己的內在智慧來做出決定。

178 鷸 Sandpiper

鷸出現的意義

- 每天撥出一點時間，挑些喜歡的音樂隨之起舞。
- 你將體驗到更多男性或陽剛的能量，會促使你更有活力。
- 就算處在心情很難熬的時刻，還是要做一些讓自己保持穩定的事情。
- 目前適合少量多餐，以健康、清淡的輕食及點心為主。
- 如果你是男性，盡量多參與孩子從孕期、出生至青春期的成長過程。

召喚鷸的時機

- 你正在經歷心緒起伏較大的時刻，並希望在這段期間能集中心神。
- 你覺得自己消極被動、無精打采，需要加把勁才能有所進展。
- 你想要設計出一些實用的步驟，來完成某項計畫或工作。
- 你想尋找與自身信念相符的精神寄託。

如果鷸是你的力量動物

- 你喜歡在海邊消磨時光，就像待在家裡一樣自在。
- 你很會撿拾物品，總能發現被他人忽略的東西，讓大家驚嘆不已。
- 你的陰陽能量相當平衡。
- 你很會照顧別人，喜歡和親近的人親暱地相處在一起。
- 只要你願意，你會與對方調情，讓自己充滿魅力。
- 你的反應敏捷而且機智風趣，總能逗笑他人。

179 蠍 Scorpion

蠍出現的意義

- 收斂並控制你的情緒與熱情，你目前所經歷的轉變才能順利完成。
- 你的家人或好友會告訴你一件事，並要求你保密。
- 與心愛的人發生性關係，會將熱情與強度推向更高的境界。
- 對親近的人展現不帶有性暗示的肢體語言，例如擁抱和輕撫。
- 現在的你正經歷一個轉變期，你會捨棄一些不良嗜好以及對你有害的人際關係。

召喚蠍的時機

- 你需要保護，讓自己不受負能量或精神攻擊的傷害。
- 你認識的某個人將不久於人世或已經離世，你負責以祝禱或其他方式，協助他們的靈魂前往靈性世界。
- 你正處於一個有點痛苦又混亂的轉型期，想讓過程平順一點。
- 你正在思考關於生與死的議題，希望能釐清其中的奧祕。

如果蠍是你的力量動物

- 你樂於從事與死亡或臨終服務有關的工作，例如臨終關懷人員或處理相關議題的治療師。
- 你很有力量與影響力，而且性格強烈，然而要注意，不要誤用了自己的靈性能力。
- 你的出現與言行舉止，很自然就能鼓舞及啟發他人。
- 每當一段緊張、激烈的關係告終時，你就會獨處一段時間。
- 受人挑釁的時候，要留意說出口的話，你犀利的言語能螫人。

180 海鷗 Seagull

海鷗出現的意義

- 你即將開啟與自然界靈體的溝通，特別是仙子和水精靈。
- 整理你的居家環境，盡量捨棄與回收不需要的東西。
- 解決和身邊人們因溝通不良而引起的任何誤會，這對你很重要。
- 特別留意與你有互動的人事物，尤其是任何非語言的信號及語調，並相信感官所接收到的訊息。
- 花上更多的時間在海邊進行冥想，讓海浪和風的節奏引導你的脈動。

召喚海鷗的時機

- 你在某個社交場合中感到格格不入、不自在。
- 最近與某人出現溝通混亂、內容不清的狀況。
- 你感受到召喚，要去幫忙清理海洋或進行淨灘活動。
- 你被要求指導他人在社交場合中要舉止得宜，對象特別是針對年輕人。
- 你覺得自己的情緒相當緊繃，受到責任與義務的束縛，希望自己放鬆一點，不要那麼嚴肅認真。

如果海鷗是你的力量動物

- 你天生擁有很好的溝通能力，既善於表達又擅長傾聽。
- 你在感性與理性之間保持著舒適的平衡。
- 你很注重社交場合的各種禮儀，對待他人都非常有禮貌。
- 你致力於一些有益環境的事，像是撿拾垃圾是或回收物品。
- 你抱著輕鬆隨意的態度面對生活中大多數的事情，不太容易驚慌失措。

181 海馬 Sea Horse

海馬出現的意義

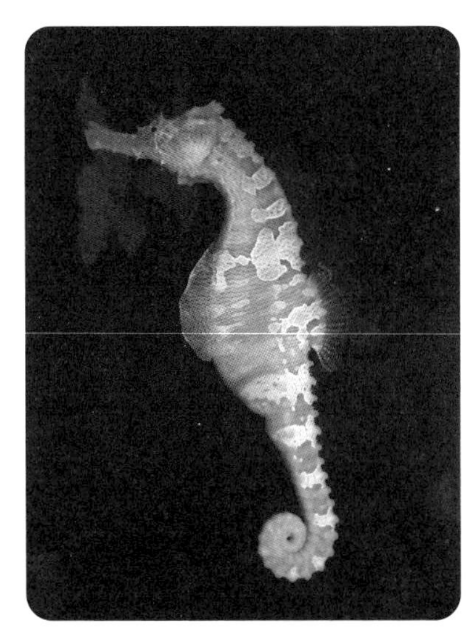

- 此刻，你被要求必須犧牲自己的需求，去服務其他的人、事、物。
- 練習轉換性別認知，試著去做那些你認為異性該做的事。
- 花點時間在服務組織裡擔任義工。
- 你即將踏上一場靈性的朝聖之旅，請隨時做好準備，當機會出現時才能好好把握。

召喚海馬的時機

- 你想在生活中擁有安全穩固的基礎。
- 你是男性，想要更直接地參與懷孕、生產與養育孩子的過程。
- 你懷孕了，希望男性伴侶能更親密地參與懷孕、生產與養育孩子的過程。
- 你想要在生活中獲得更多的浪漫與體貼。
- 你想治療或預防哮喘、高膽固醇、性功能障礙、甲狀腺失調、心臟功能不全或動脈硬化。

如果海馬是你的力量動物

- 你很擅長融入環境之中，如果不想被看見，就能將自己隱藏得很好。
- 你擁有柔軟的力量與寧靜的特質，將自身的陰陽力量調和得很好。
- 你突出的外貌與身材對多數人來說很有吸引力。
- 你對所有遇見的人都非常親切、客氣、有禮貌。

182 海豹 / 海獅 Seal / Sea Lion

海豹出現的意義

- 此刻你的創造性與想像力非常豐沛，每天隨身帶一本筆記本，把想法記下來。
- 你的夢境會變得清晰、生動，要仔細留意潛意識帶給你的任何訊息。
- 充滿挑戰與困難的時期已經結束，你正進入一個充裕且豐盛的階段。
- 雖然最近你會變得比較情緒化，不過你依舊以平常心去體驗這些感覺，讓自己的狀態保持穩定。
- 目前是順從身體自然節奏的好時機：累了就去睡、餓了再吃，有需要就去運動。

—— 如果是海獅（Sea Lion）

- 這是讓自己體驗喜悅，盡情玩樂的時刻。
- 認真傾聽周遭的訊息，特別是自己與他人的感受。
- 花點時間練習伸展或是瑜伽，讓身體保持彈性。

召喚海豹的時機

- 你的創意卡住了、停滯不前，需要一點靈感。
- 你使用太多右腦，覺得自己失去平衡、輕飄飄的；你想讓自己踏實一點，同時又不失創意。
- 你知道在表象下有情緒拖累你，你也知道如果好好去感受這些情緒，對自己會有所幫助，但你又不放心讓它們顯露出來。
- 你正經歷人生的一大轉變，需要額外的力量與保護。
- 你正面臨情緒波動相當大的時期，需要外界協助，幫你衝破驚濤駭浪。

如果海豹是你的力量動物

- 你很有創意與想像力，能透過各式各樣的管道展露這樣的天賦；處於能夠運用這些能力的位置上，就是你最快樂的時候。
- 你能在任何有水的地方生存。
- 你很外向、容易攀談，總能在社交場合中炒熱氣氛。
- 你的適應力很強，總是能直接面對任何困難，並且迅速恢復元氣。
- 你能夠看見對方面具下的樣子，很直覺地就能感受與了解他們的情緒。
- 你善於表達情感，但從不會讓情緒壓垮自己。

183 鯊 Shark

鯊出現的意義

- 目前你的狀態特別敏感，要小心自己身處的環境或處境。
- 讓自己流暢地在情緒間遊走，避免陷入單一的情緒感受。
- 你受到周全的保護，可以抵禦任何威脅、負能量或精神攻擊。
- 注意飲食對情緒所造成的影響，如有必要，請改變飲食習慣，以保持身心均衡。
- 無論遇到誰或面臨什麼情況，都要維持自己的尊嚴。
- 你的辨別能力提升很多，能夠區分出什麼是正確的、什麼不適合自己。

召喚鯊的時機

- 你被強烈的情緒壓得喘不過氣，想要順利地度過。
- 你覺得有人想要操縱或欺負你，所以需要強大的保護和支持來鞏固自己的界線。
- 你面臨了很多問題，這些會消磨你的時間、精力和動力。
- 你發現自己很難專注於眼前的工作。
- 眼前有個機會，你必須設定明確的目標，立即採取行動。

如果鯊是你的力量動物

- 你需要固定的獨處時間，才不會讓自己感到焦慮和煩躁。
- 別人有時候可能會被你嚇到，但事實上你是個非常敏感而且愛好和平的人。
- 你非常活躍，總是忙東忙西，很難找到時間休息。
- 你很適合權威性的職位，進行維持紀律和秩序的工作。

184 臭鼬 Skunk

臭鼬出現的意義

- 要有主見，必要時必須堅持自己的立場，不要被別人操弄或擺布。
- 目前最重要的就是尊重自己、保持尊嚴，並給予他人相同的尊重。
- 你對自己過於較真，讓自己多去放鬆、玩樂，相信一切都會很好。
- 誠實且直接地去面對生活中讓你覺得很傲慢、討厭的人。
- 你的感官和性魅力正處於顛峰，很適合去研究天然香精和精油的用途。

召喚臭鼬的時機

- 你覺得有必要為自己辯護，但又不想太盛氣凌人。
- 你的自信與自尊跌到了谷底，想重新找回喜歡自己的感覺。
- 你的生活少了些趣味和驚喜，你正在探索一些新方法，希望把這些元素重新帶入生活之中。
- 你需要面對某人，告訴對方你對某件事很不舒服，而你希望自己能帶著勇氣與冷靜的心情，不會在過程中造成任何傷害。
- 你想要知道誰可以信任、能夠靠近，誰又應該保持距離，以策安全。

如果臭鼬是你的力量動物

- 你很愛玩，但性格冷靜，不容易被任何人事物嚇到。
- 你是自己的主宰，喜歡探索與發現，而不是接受別人的訊息或指令。
- 你很有自信與個人魅力，卻不會驕傲自大，很容易吸引與你志同道合的人，也會自動排拒那些想要耗盡你精力的人。
- 需要保護自己的時候，你會展現勇氣去面對，而不顯得咄咄逼人。
- 你不需刻意，就能散發平靜而自然的性能量。

185 樹獺／樹懶 Sloth

樹獺出現的意義

- 放慢你的步調，因為你瘋狂地東奔西跑，已經讓自己錯過太多。
- 少量多餐對你比較健康，選擇小份量的輕食與點心，而不是一天吃兩到三次的大餐。
- 每天都要運動，其中一個重點是肌力鍛鍊，才能讓自己的身體保持健康。
- 無論你正在處理什麼，試著從不同觀點切入，不要有先入為主的觀念或想法，覺得好像只能用一種角度來看這個情況。
- 你會到達你想去的地方，只是過程比較緩慢、但也比較穩定，一步一步慢慢來。
- 盡一切努力，讓你的免疫系統保持健康。

召喚樹獺的時機

- 當你不想被注意到時，就會靠偽裝來保護或掩飾自己。
- 你的通靈預視能力正在啟動，你希望能好好引導這股能量。
- 你覺得心神狂躁、匆促煩擾，想要讓自己慢下來。
- 你在個人或工作上有一件正在進行的事，但目前停滯不前，你覺得自己需要退後一步，從不同的觀點重新檢視。

如果樹獺是你的力量動物

- 你的步調比別人緩慢許多，但依舊能完成工作。
- 你給他人的印象是個糊塗蟲，但那只是表面的假象，你的感知能力其實很強，也有能力捍衛自己。
- 儘管你平常很隨和、好相處，但如果有人惹惱你，你還是會相當嚴厲地反擊。
- 有時你會覺得自己跟這個世界格格不入，而且很難全面地融入社會。
- 你擁有遙視的能力，能夠看見未來，不過你仍需學習、磨練如何管理自己的天賦，好讓自己維持在穩定的狀態。
- 你喜歡獨處，如果有人試圖剝奪你的獨立性，你會覺得自己受到威脅。所以在親密關係中，會出現一些有趣的挑戰。

186 蛇 Snake

可參考 P.103 眼鏡蛇、P.326 蟒蛇、P.338 響尾蛇

蛇出現的意義

- 你將經歷一些重大的個人轉變，過程將會非常激烈與戲劇化，就好像原本的你完全死去，被新生的自己取而代之。
- 你感到一股能量的湧動，讓你的感官變得更靈敏、心智更加警醒，開啟全新的覺知通道。
- 你對一件事情投入了大量的精力，現在，你即將以全新的觀點來解決這個長期存在的問題。
- 目前很適合學習密宗瑜伽（tantric yoga）或是亢達里尼瑜伽。
- 你即將從完全意料不到的地方，在身體或情緒上，體驗到很戲劇化又意想不到的療癒。

── 如果是紅尾蚺／巨蚺（Boa Constrictor）

- 讓自己從令人窒息、阻礙成長的環境中得到解放。

召喚蛇的時機

- 你正要經歷非常重要的發展或過渡時期，過程將非常激烈，你必須卸下身上的很多東西，尤其是舊有的自我身分認同。

- 你即將進入一個未知的領域，那是一條通往黑暗的通道，你害怕自己無法通過，對於前方等待著你的未知也感到十分焦慮。
- 你需要任何形式的療癒。
- 你需要協助，幫你釋放跟自我毀滅或自我挫敗有關的傾向和習慣。
- 你想要提升自己的能量與活力，包括性欲。

如果蛇是你的力量動物

- 你是名療癒者，對象可以是植物、動物、人類或是地球。
- 你經歷了一連串的啟發，包括死亡及重生的經驗，造就了你的悲天憫人、深厚智慧以及強大的療癒能量。
- 你對古老原始的文化及靈性活動有著非常濃厚的興趣，對這些事情相當熟悉自在。此外，你也很喜歡研究深奧、超自然的概念。
- 你非常敏感，可以感知他人身上散發出的微妙能量，並以自己的直覺去進行解讀。
- 第一次見面時，你比較冷漠有距離，一旦彼此熟悉之後，自然就會放鬆，變得相當親切。

187 雪豹 Snow Leopard

可參考 P.245 花豹

雪豹出現的意義

- 只要踏上實現目標的那條道路，你就會輕鬆越過一路上遭遇的任何阻礙。
- 在你實現目標或完成工作之前，最好不要和別人進行任何相關的討論。
- 更勝以往地信任自己的直覺，不要被外界的意見或觀點所動搖。
- 不論所求為何，慢慢來，安靜且穩定地做該做的事，以達成最終的目標。
- 研究自己與西藏或中國的前世連結。

召喚雪豹的時機

- 你隱隱感覺有事情發生，但對此抱持懷疑，因為別人似乎都沒有察覺。
- 你一直處於吵雜、混亂的情況之中，你想要離開這裡，最好能去一個安靜、平和的地方。
- 你身處寒冷的氣候中或是正在經歷冷冽的冬天，想要盡可能保持溫暖舒適。
- 在身體或情緒上，你一直覺得很彆扭，想要重新取得平衡感，讓自己自在、優雅的行動。

如果雪豹是你的力量動物

- 你可以清楚地看見別人的內心，而且無論如何你都愛著他們。
- 你有很強的直覺，透過身體的感知，很快就能掌握周遭發生的事。
- 終其一生，你都在和那些想要貶低或否定你準確感知的人進行爭辯，但現在的你已經學會信任內心給你的指引。
- 你非常擅長運動，動作相當地敏捷、優雅、快速。
- 雖然你喜歡獨處，但也願意偶爾邀請客人到家中作客。

188 麻雀 Sparrow

188 麻雀

麻雀出現的意義

- 現在是豐饒且充滿創造力的時刻。
- 在一般的人與事之中，尋求高尚的品質，當然也包括你自己。
- 步伐平穩，抬頭挺胸，眼睛直視前方，向世界展現你的自尊與尊嚴。
- 你正慢慢敞開內心去接受愛，同時，你也更懂得如何表達對他人的愛。
- 你的能量與活力正在甦醒，甚至發現自己不知怎麼的開始哼著歌、吹著口哨。

召喚麻雀的時機

- 你的尊嚴和自我價值正受到貶抑或威脅。
- 你最近所面臨的艱困與苦難即將結束。
- 外在環境似乎使你動彈不得，而你想要擺脫控制。
- 你的意志力變得有點薄弱，想要重振自己。

如果麻雀是你的力量動物

- 你能夠無懼地面對任何人與事，儘管受到威嚇也毫不退卻。
- 你能夠堅定地追求想要的事物，亦懂得拒絕自己不想要的東西。
- 你擁有強大的生存能力，能適應不同的環境，隨遇而安。
- 在謙遜的品格之下，你自在地表達愛與喜悅，這樣的正能量深深地感染了周遭的人。

- 每次面對挑戰的時候，你都會勇敢面對，永遠不讓自己被打敗。

189 蜘蛛 Spider

可參考 P.63 黑寡婦蜘蛛、P.390 狼蛛

蜘蛛出現的意義

- 探索最深層的智慧，將其吸收進體內，轉化成日常生活的一部分。
- 當心任何可能引誘你陷入的陷阱與詭計。
- 與其陷入明顯無解的僵局，不如敞開心胸面對眼前無限的可能，並做出選擇。
- 不要將自己局限在單調的日常裡，讓自己去探索不同的維度與真實。
- 進行創意寫作，不要受到傳統與習慣的限制，並且讓自己接受大自然的啟發。

── 如果是棕色蜘蛛（Brown Spider）

- 趁現在，幫自己的身體與人際關係盡可能地排除毒素。
- 尊重自己對於獨處的需求。

召喚蜘蛛的時機

- 你覺得自己被困住，找不到出口。
- 最近你有些負面的體驗，想要整合與辨別這些經驗，盡快從中學習教訓。
- 你對目前的生活方式感到不滿，想要做出重大的改變，但是你覺得自己能力有限，不敢採取行動。
- 你覺得自己在各方面都失衡了，想要重新找回身心靈的平衡。

如果蜘蛛是你的力量動物

- 你通常只有兩種速度模式：不是保持靜止不動，就是光速移動。
- 你不太容易被激怒，然而一旦生氣了，就很可能刺傷他人。
- 不論你是男性還是女性，你正在接觸並散發出很強大的女性創意能量。
- 你有寫作的才能，能夠用新穎且具創意的方式編織文字，別人經常被你的文采所打動。

190 松鼠 Squirrel

松鼠出現的意義

- 透過減輕負擔，諸如清理和贈送不再有用的物品或物質財富，為即將到來的變化做好準備。
- 處理眼前情況最好的方法，就是直面挑戰，誠實地面對自己的感覺與想法。
- 現在要格外小心謹慎，願意去避免或逃避任何威脅。
- 收集和儲存額外的食物、水、衣服、蠟燭和金錢，為未來所需做好準備。
- 雖然你現在正積極熱烈地追求自己的目標，但你需要更多社交與休閒活動來平衡生活。

召喚松鼠的時機

- 你匆匆忙忙，像無頭蒼蠅一樣毫無頭緒、沒有生產力，你想集中自己的能量，好讓做事更有目的與方向。
- 你對未來的恐懼和擔心大到讓自己被這些情緒困住，整個人動彈不得，沒有任何行動力。
- 你覺得自己不太安全、也可能被威脅，需要有個守護者告訴你何時要避開某些情況或某些人。
- 面對即將到來的事件，你毫無準備、非常焦慮，需要收集任何可用的資源來度過這個難關。

如果松鼠是你的力量動物

- 你比較習慣親自動手或請別人親手教你，而不是透過從書本上來學習東西。
- 你擅長組織、制訂戰略並實施計畫，但你通常會將後續工作委託給其他人，以便繼續處理其他事情。
- 你善於交際，但需要一段時間才能與陌生人熱絡起來。
- 你的資源豐富，為所有可能發生的事情做好準備，而且你通常可以快速找到需要的東西，不會讓自己充滿壓力。
- 你對他人通常都很坦率和誠實。
- 你能夠很敏銳地意識到何時該正面面對，以及何時該避免麻煩。

191 雄鹿 Stag

可參考 P.125 鹿

雄鹿出現的意義

- 釋出生活中不再需要的東西，為即將到來的新事物騰出空間。
- 這是一個直覺較強的時刻，請密切留意直覺感應到的任何訊息。
- 你將受邀參與一場充滿樂趣與挑戰的冒險，它會以意想不到的方式深化你的靈性，使你獲益匪淺。
- 臣服，讓生命的流動推動著你，並且讓這個流動在第三維度的真實中，以全新、創意的方式藉由你表現出來。
- 你即將有機會接觸精靈的國度和森林裡的靈體。
- 目前是你男性特質表現較為強烈的時刻，你會感覺自己特別有活力與力量。

召喚雄鹿的時機

- 你需要沉穩且迅速地完成正在計畫的事或是執行中的工作。
- 你準備要進行一趟冒險或探索，在這趟旅程中，你必須完全信任、依循自己的真理，讓自己的身心都處在自然之中。
- 你正使用儀式為來年設定新目標，你希望獲得支持，讓目標得以達成。
- 無論性別為何，你都需要一些額外的陽剛力量來幫助自己達到平衡。

如果雄鹿是你的力量動物

- 不論是前往其他大陸或是自己的內在世界，你都非常喜歡冒險與旅行。
- 你是偉大的實踐家，能夠落實並完成自己的夢想與願景。
- 你溫柔且堅定，優雅與堅毅的特質總能讓你獲得他人的尊重。
- 你是個非常穩重且平衡的人，你的陽剛能量在性別與個人特質上都表現得非常均衡。
- 你的能力很好，不論是內在還是外在領域，你都樂於指導他人。

192 海星 Starfish

海星出現的意義

- 抱持開放態度來面對即將到來的機會，直覺會告訴你哪些是可以利用的機會。
- 不管別人怎麼說，請按照自己想要的方式做事，即使你的做法很少見或與多數人不同。
- 請不要著急，你有時間可以從容地到達目的地。
- 儘管最近有些損失，但要相信自己可以恢復、重新開始。
- 你的朋友或家人之中，有人需要你的關心與理解。
- 冥想時，請觀照與「萬物一體」的聯繫以及自己在地球和宇宙中的位置。

召喚海星的時機

- 眼前有一個千載難逢的機會，但你不認為自己應該採取行動。
- 你不確定你的事業應該朝哪個方向發展。
- 你的家人正面臨情緒上的難關，但卻強顏歡笑。
- 你正在嘗試消化一些新訊息或新的學習知識。

如果海星是你的力量動物

- 你很敏感、能夠共感他人的情緒，無論對方是否知道或表現出來，你都能感受到情緒的波動。
- 你對事物有非常明確的想法和觀點，同時也尊重他人的看法。
- 你為自己的適應力和彈性感到自豪，而且願意、也能夠在必要時迅速改變方向。
- 你完全知道自己適合什麼，因為你全然地相信並依循你內在的指引。

193 鸛／送子鳥 Stork

鸛出現的意義

- 準備迎向自己另一種形式的新生。
- 在這時回到老家或生長的地方，以成人的角度觀察它，留意這一切帶給你哪些同中有異的感受。
- 多花一點時間待在家，珍惜與家人的相處時光。
- 打鼓或任何打擊樂器都能喚醒具創造力的原始能量，所以不妨試著自己練習，或者跟一群人一起玩。
- 去尋找並加入吸引你的宗教舞蹈團體。

召喚鸛的時機

- 你正開始一段新的關係、計畫或工作。
- 你一直與家人相當疏遠，希望彼此能夠和解。
- 你已經懷孕，而且即將分娩。
- 此刻你的情緒很深沉、強烈、煩擾不安，需要從緊繃的情緒中抽離出來。

如果鸛是你的力量動物

- 你是一位有愛心、盡責、用心栽培孩子的父母。
- 你喜歡發起新計畫，而且會一路進行到最終完成。
- 你喜歡與他人一起律動與跳舞，特別是某些神聖的宗教舞蹈，像是蘇菲旋轉舞（Sufi dancing）。

- 你能夠感受自己的情緒而不被壓垮，可以掌控情緒而不是拒絕承認。
- 你可以通過肢體語言進行很多溝通，讓他人清楚地接收你的訊息。

194 燕 Swallow

燕出現的意義

- 你深陷生活瑣事之中，必須退一步，用更寬廣的角度審視自己的生活。
- 你的家受到周全的保護，不會有蟲害或入侵者。
- 該放手前進了，不要再繼續翻舊帳或舔舐舊傷口。
- 你最好與生活中討厭的人保持距離或是完全放手。
- 你可以找到一些不常見又有創意的方式，來解決經常發生的問題。
- 在取得令人驚訝的獲利與豐收之前，你將經歷一些你應付得來的動盪。
- 回到生長的家鄉，這將成為你的靈性朝聖之旅。

召喚燕的時機

- 你覺得生活中缺乏溫情。
- 有許多微小的煩惱困擾著你，而你想擺脫它們。
- 在這段黑暗的時期，你需要保護與指引。
- 你感到有些沮喪、無精打彩，想要振作起來。
- 你覺得自己的家需要額外的保護。

如果燕是你的力量動物

- 在遇到困難與挑戰時，你有能力超越任何問題，並保持客觀的態度。
- 你是一位浪漫且忠誠的伴侶，會用各種有創意的方式來表達愛意。
- 你能夠指引他人，提供有效又有智慧的建議，其中有些部分是來自先人的協助。
- 你很聰慧、樂觀，整個人容光煥發、動作優雅而敏捷，而且待人相當謙遜有禮。

195 天鵝 Swan

天鵝出現的意義

- 無論你的生命中正在發生什麼事，盡一切力量保持堅定的信念。
- 接受生命的境遇，臣服於靈的意志，相信一切都會好轉。
- 你很快會從目前的困惑中，看清一切樣貌、找到清楚的目標。
- 把注意力放在「生命是珍貴且神聖的禮物」這件事，盡可能用各種方式來表達自己的感謝與感恩。
- 不管你正在經歷什麼改變，都要順流而行、順勢而為。

—— 如果是黑嘴天鵝（Trumpeter Swan）

- 用清晰簡潔的方式，讓別人聽見你的聲音。
- 練習瑜伽或太極，讓自己更優雅。

—— 如果是小天鵝（Whistler Swan）

- 今天至少要用口哨大聲吹出曲調，看看有什麼感覺。

—— 如果是疣鼻天鵝／紅嘴天鵝／啞天鵝（Mute Swan）

- 找個安靜的地方，待在那裡冥想幾分鐘。
- 維持數小時或是一整天，保持安靜、不說話。

召喚天鵝的時機

- 你必須處理很多商業與社交上的事情，需要維持鎮定與自信。
- 你過於專注在生活瑣事上，以至於忘記了生命中的神奇力量及奧祕，你想要與它們重新連結。
- 你太久沒去感受自己、他人以及周遭的美，希望自己能更頻繁地去欣賞這些美好。
- 無論在情感還是靈性上，你都已經準備好迎接自己的靈魂伴侶，並期盼這樣的人能夠出現。
- 你需要捍衛或保護自己、伴侶或家人，不過是以沉著與冷靜的方式來進行。

如果天鵝是你的力量動物

- 你散發著一股冷靜、優雅的氣質，與自己和他人相處都非常自在。
- 你非常善於因應外界的變化、毫不費力地前進，總能順應日常的生活節奏。
- 你的直覺非常敏銳，經常可以預見未來。
- 你散發著內在美好的光芒，帶著謙遜沉著的態度遊走世界。
- 你在體能和精神層面都很強大，會盡心盡力保護你所愛的人。

196 狼蛛 Tarantula

可參考 P.376 蜘蛛

狼蛛出現的意義

- 相信自己的直覺感受，你體內的感覺更勝於你肉眼所見。
- 褪下曾經幫助你意識成長、但如今已不再需要的東西。
- 你變得愈來愈敏感，尤其是對周圍環境波動的感受。
- 接下來的幾天，請對自己特別溫柔，盡可能讓自己感到舒適、多愛護自己。
- 儘管你很強壯健康，但現在是非常敏感且脆弱的時刻，請適當地照顧自己。
- 儘管你傾向獨居幕後，但為了自己的社交與情感交流，請努力走入人群。

召喚狼蛛的時機

- 有人正在激怒你，你想讓對方分心或轉移注意力，好停止他繼續惹怒你的行為。
- 你已不再需要那些舊的習慣、模式與癖好，希望可以擺脫它們。
- 你對於極端的感官刺激很敏感、也易受影響，你想要保護自己。
- 你覺得自己需要擺脫生活常規的桎梏，放假休息一段時間。
- 你對於自己所感受到的事情有很強烈的感覺，但別人卻試圖說服你不要這麼做。

如果狼蛛是你的力量動物、

- 基本上你非常享受孤獨，喜歡待在家裡，必要時才願意出門冒險。
- 雖然你個性溫和、害羞、只關心自己的事，但在他人真正認識你之前，你的外表會讓人感到威脅。
- 你喜歡晚睡，因為日落後才是你工作最有效率的時段。
- 隨著年齡增長，你對自己的性別認同也會更加清晰與自信。
- 他人對你盛氣凌人或是咄咄逼人時，你會以言語回擊，但你的言辭並不傷人。

197 袋獾 / 塔斯馬尼亞惡魔 Tasmanian Devil

袋獾出現的意義

- 你對薩滿教（shamanism）或威卡教（Wiccan）愈來愈感興趣。
- 練習瑜伽，不管在課堂上還是課外，都要特別注意讓呼吸更深、更穩定。
- 你會參加一些預期外的非正式課程，學習如何善用力量，分辨力量與力氣的差別。
- 保持精準、清楚、直接的溝通十分重要。

召喚袋獾的時機

- 你有個需要清理環境的工作。
- 你正在準備一項冬至儀式。
- 發生了誤會，你想快點找出問題所在來解除這個情況。
- 你已經決定打掃家裡或辦公室，清理紊亂的環境。

如果袋獾是你的力量動物

- 你是天生的巫師，可以顯化任何想要的東西。
- 你的個性孤僻、害羞，而且喜歡獨居。
- 你很機靈，會用很有創意、出人意表的方式，充分應用手邊的資源。
- 你善於忽略那些混淆公正事實的話術，直指核心，找出事情的真義。

198 虎 Tiger

虎出現的意義

- 保持專注力和耐心，不久後你會收到一份驚喜，讓你比預期更快地達到正在努力的目標。
- 你很快會找到治療身體健康或情緒困擾的方式，明顯感受到活力的提升。
- 在家裡創造一個完全屬於你的神聖空間，沒有你的允許別人不能擅入，並且讓自己在這個空間盡情享受獨處。
- 你很快會體驗到一股澎湃的熱忱與力量，它們將會持續一段時間。
- 準備好一段新的冒險，雖然會面臨一些挑戰，但也會為你的生活帶來一些戲劇性的變化。

——如果是西伯利亞虎（Siberian Tiger）

- 你很快就會踏上一段漫長的旅程，過程中充滿新鮮感，能讓你恢復活力。
- 好好體驗感官的享受，多去進行一些觸摸。

召喚虎的時機

- 你要完成一件很重要的事情，過程中必須堅持不懈、堅定不移。
- 在一段依賴關係之後，你想要獨立自主。
- 你需要提升自信與自尊。

- 你對一成不變的規律生活感到厭倦，想要體驗更多的冒險。
- 你正在研究神祕學或神話學，特別是關於老虎的主題。

如果虎是你的力量動物

- 你天生具有遙視的能力，隨著年紀的增長，你的預言天賦也會變得更強大、顯化。
- 你是一位療癒者，由於你的觸覺很敏銳，對你而言最好的療癒工具就是進行跟肢體療法相關的工作。
- 你習慣獨處，是個夜貓子，在夜晚工作才能發揮最佳效率。
- 你熱愛冒險、體格強壯、充滿熱情，懂得充分享受生活。
- 你很喜歡運動，尤其是對體力要求很高的項目。

199 蟾蜍 Toad

蟾蜍出現的意義

- 現在是退回獨處狀態、好好思考情緒與靈性問題的好時機。
- 你將有機會回顧並清理過去一些令人不舒服的情緒問題。
- 去連結最原始、本能的自我，那是你個人與靈性成長的種子。
- 你正處於充滿變動的時期，你將感到不安和支離破碎，然而，另一個嶄新的、更完整的「你」也會因此重生。
- 從技能、經驗到內在力量，你擁有遠超過自己所意識到的能力。

召喚蟾蜍的時機

- 你被自己的情緒所淹沒，你想要把它們清除、淨化乾淨。
- 你正經歷一段辛苦的過渡時期，希望清除對你沒有用處的事物。
- 過去困擾你的事情正緊緊抓著你不放，你想從中解脫。
- 你不確定自己是否有足夠的資源、能力與毅力，來完成眼前的任務。

如果蟾蜍是你的力量動物

- 你很害羞，個性神祕低調，大部分時間都是獨來獨往。
- 你過著隱居的生活，不喜歡社交活動。
- 你的害羞與沉默寡言經常使別人無法信任你，直到進一步認識之後，才會對你改觀。
- 你擁有堅韌的品格，能夠依靠自己的內在資源，來解決任何問題。

200 陸龜 Tortoise

可參考 P.404 海龜

陸龜出現的意義

- 你承擔了太多他人的問題與麻煩。
- 慢下來，不用急，享受這片風景，即便是迂迴前行也沒有關係。
- 要有耐心、決心並堅持下去，不知不覺之中，你就會達成正在追求的目標。
- 此時要特別留意體內各種感受的轉變，因為這些變化正與地球振動的細微改變產生強烈的共鳴。
- 現在是嘗試吃素的好時機，即便可能只持續幾天。
- 生活要更緩慢、更專注，你會從意想不到之處獲得許多智慧；如果你一直匆忙行事，便會錯過這些美好。
- 以平常步調一半的速度，穩定地在路上步行，並以此作為冥想的方式。

召喚陸龜的時機

- 你陷入一種混亂忙碌的生活模式，想要放慢腳步，但不確定該怎麼做。
- 你覺得自己被所有的責任壓得喘不過氣，即便你知道這一切都是因為自己承擔了太多。
- 你想要放棄，但是內心知道自己必須繼續前進。
- 你正在完成一項特定的工作，但是各種的要求與干擾不斷使你分心，讓你無法保持專注。
- 你覺得精神渙散、注意力無法集中，需要讓自己的心神在大自然中好好穩定下來。

如果陸龜是你的力量動物

- 人們會主動地求助於你，因為你既是很好的傾聽者、也善於解決問題，然而，你最大的挑戰是不要讓自己被他人的問題壓垮。
- 你需要穩定的環境，並與大地母親產生穩固的連結，否則你的情緒容易出現波動。
- 你的動作比旁人來得慢，但你依然可以順利完成工作，有時候，工作的結果還會令人感到驚喜。
- 無論周遭發生了什麼事，你都能獨立自主，擁有絕佳的專注力。
- 你非常有智慧，而且意志堅定，在任何地方都可以感到自在。

201 巨嘴鳥／大嘴鳥 Toucan

巨嘴鳥出現的意義

- 可以去參加表演、演說或戲劇即興創作的課程，用這些活動來舒展自己的身體。
- 提高自己的音量，大聲說出自身的感受、想法及意見，讓別人知道。
- 注意自己的言辭與溝通方式，以及對他人造成的影響。
- 試著吟唱或改變自己的語調，這些方式會對你有所幫助。
- 抓住機會向對方表達你一直壓抑的感受。

召喚巨嘴鳥的時機

- 你希望別人可以清楚明瞭地聽見你的聲音。
- 你想加入可以改善溝通與說話技巧的團體或課程。
- 你想放個假，以獲得足夠的休息。
- 靈以某種方式傳達給你一個訊息，但你不敢傾聽。
- 你有話想對某人說，但卻難以表達。

如果巨嘴鳥是你的力量動物

- 你是一名演員，並且將表演視為嗜好或興趣。
- 你的演說與溝通能力既生動又有影響力，對言語的掌握度相當高。
- 你偶爾會在不恰當的時間點聲量過大，使別人對你產生誤解。

- 你經常會出乎意料地去做自己想做的事，有時甚至會因此激怒他人。
- 你的生活多彩多姿，很享受別人的目光及關注。

202 火雞 Turkey

火雞出現的意義

- 將自身的需求上升到整體需求，例如家庭、群體或世界的需求。
- 你將獲得某種禮物，可能是物質、精神或是知識上的，從中樂透到欣賞日落，都可能是你的禮物。
- 去從事一些尊重大地的活動，無論是神聖的儀式或是簡單的撿拾垃圾。
- 貢獻自己的時間，為某個你想要支持的組織提供志願服務。

召喚火雞的時機

- 自己或他人的物質主義把你壓得喘不過氣，或對這一切感到幻滅，你想要擺脫這種思維或行為模式。
- 你有股衝動，想將自己的時間與精力貢獻給值得的事業或理想，但不確定該怎麼做。
- 你碰到一些財務困境，需要額外的支援，才能滿足自己的物質需求。
- 你與朋友正在計畫籌辦一場贈與活動，參與的人至少會捐贈一件以上的物品給其他參與者。

如果火雞是你的力量動物

- 你會盡己所能幫助有需要的人，願意昇華自己的欲望，而不是用犧牲自己的方式來幫助別人。
- 你偏好集體生活，樂意與人分享擁有的所有事物。
- 雖然你喜歡住在森林附近，但你的適應力很強，能夠在許多不同的環境中生活。
- 在他人眼中你可能略顯笨拙，但在必要的時候，你其實相當機靈、敏捷而且能幹。

203 海龜／兩棲龜 Turtle

可參考 P.398 陸龜

海龜出現的意義

- 你走得太快、太久，所以請放慢腳步，調整自己的節奏。
- 讓自己變得更加獨立自主，不要那麼依賴他人。
- 花點時間照顧自己，簡單地觀察並感受自己的情緒。
- 你對於地球振動與人類集體意識的敏感度正在提高，在相應的情緒出現之前，你會先察覺到體內的感受。
- 花幾小時或更長的時間讓自己獨處，遠離他人和身旁的雜音。
- 此刻是充滿創造力的豐饒時刻，你需要防止自己受到旁雜事物的干擾，以免分散注意力。

召喚海龜的時機

- 你覺得自己需要情感上的支持和保護。
- 你的生活變得太過浮躁、步調太快，覺得自己被壓得喘不過氣，你知道自己需要停下來，檢視並消化所發生的事情。
- 你有個重要的創意計畫要完成，擔心自己沒有足夠的時間。
- 你擔心自己的錢不夠，無法獲得想要的東西，希望自己能更相信生活中會獲得富足與豐饒。

- 你發現自己處於一個不熟悉的新狀況之中，想要感到安全與舒適。
- 無論你的身體受了什麼傷，都需要盡快治療復原。

如果海龜是你的力量動物

- 你擁有一個老靈魂，與古老的原型世界具有強烈的連結，對地球及所有生物都有著深刻的認知與同情。
- 不論身在世界何處，你與家一直擁有強烈的連結，而且最終一定會回家。
- 你一向按照自己的步調行事，動作比別人慢是你的特色，總是深思熟慮才做出決定。
- 當你受到威脅或感到害怕時，就會縮回自己的殼裡，也不在乎別人對於你處事態度的看法。
- 你非常有同情心並且關懷他人；你樂意傾聽問題，但不會把問題背在自己身上。

204 獨角獸 Unicorn

獨角獸出現的意義

- 去追求你一直壓抑的創意或藝術興趣，這對你來說極其重要。
- 你會注意到更多來自靈性世界的訊息以及自然界靈體的拜訪，像是仙子或精靈。
- 暫時放下煩惱與責任，盡情玩樂。
- 放下內心的懷疑，敞開自己去感知來自無形世界的守護靈。
- 你會認識一些擁有特殊藝術與創作天分的孩子，並且從他們身上學到一些重要的東西。
- 你即將感受到一股激增的個人力量，請明智地使用它。

召喚獨角獸的時機

- 你想要去做一些具有藝術性的事，但不確定要做什麼或者如何進行。
- 你是一位家長或照顧者，你照顧的孩童具有非凡的創造力及天賦，尤其是當他們看到、聽到或感受到來自靈性世界的事物時。
- 世俗及物質世界的責任和壓力已將你重重包圍。
- 你覺得自己憤世嫉俗、毫無想像力，希望能重新擁有你以往所知的魔力以及對萬物的敬畏之心。

如果獨角獸是你的力量動物

- 你很有藝術天分，極富創造力，而且你必須以這種方式來表達自己，否則你的生命力就會逐漸衰減。
- 你身上帶有天真和純潔的特質，依舊保有孩童般的驚奇與感動。
- 你將要與孩子們一起工作，尤其是擁有通靈天賦或直覺很強的小朋友。
- 你與大地母親和諧相處，非常關心、熱愛環境。
- 你的工作與精靈世界或自然靈界有關。

205 禿鷹 Vulture

請見 P.107 神鷲

206 海象 Walrus

海象出現的意義

©Doug Allan/Oxford Scientific/JupiterImages

- 特別注意自然界的跡象和徵兆，讓它們給予你指引。
- 比平常更頻繁地撫摸與擁抱自己心愛的人。
- 讓自己理解金錢只是交換能量的一種物理工具，來修復你與金錢之間的關係。
- 在所有的關係與行動中，沿著阻力最小的方向前進，而不是使用蠻力或讓自己處在被動、停滯的狀態，一切就會容易得多。
- 加入與自己志趣相投的團體，或是與好友共度時光。

召喚海象的時機

- 你覺得自己缺乏親密行為，想要有人可以彼此撫慰、陪伴。
- 你覺得自己需要搬到到更適合自己性格的氣候環境。
- 你正面臨一些財務困難，希望自己可以放輕鬆、正向思考，並為困境提出解決方案。
- 你患有高血壓、動脈阻塞，或是需要改善血液循環。

如果海象是你的力量動物

- 你的聰明才智對你很有幫助，在某些情況下，能夠幫助你存活下來。
- 你非常擅長有覺知地進入與離開各種意識狀態。

- 你是一名企業家，擅長經營自己的事業，也很享受事業上的各種挑戰。
- 你擁有一項天賦，能夠在周遭的普通事物中，發掘出被隱藏的寶藏。
- 你看起來行動很緩慢，然而在需要的時候，你的行動其實非常靈活敏捷。

207 胡蜂 Wasp

胡蜂出現的意義

- 無論眼前的工作是什麼，都要充滿熱情與決心地投入其中。
- 可以考慮進行神聖幾何學的研究，以及如何將它應用在生活當中。
- 在接下來的幾週，專注於履行自己的責任與個人義務。
- 打破常規，去做一些冒險、與眾不同、你平常完全不會去做的事。
- 放下腦中思緒，讓心來引領你。
- 無論你的夢想是什麼，將一些計畫付諸行動，就能幫助自己實現夢想。

召喚胡蜂的時機

- 你正經歷一段情緒糾結與波動的時期，你希望盡可能在整個過程中都保持精神集中。
- 你有點陷入一成不變的情境，想要跳脫這個窠臼。
- 你一直夢想著某件事情，而現在想要努力實現它。
- 你覺得自己需要情緒與身體上的滋養。

如果胡蜂是你的力量動物

- 你喜歡按照自己的方式做事，而非聽從他人指示。
- 你在「獨立自主、注重隱私、暴躁易怒」與「善於交際、討人喜歡、享受他人陪伴」這兩種人格特質之間搖擺不定，這會為你的人際關係帶來一些挑戰。
- 隨著年齡增長，身為新趨勢與新想法的創新者，你會受到愈來愈多的認同。
- 你是一個勤奮的人，為了完成工作，你願意付出一切。
- 夏末與秋初是你最活躍、最有動力的時節。

208 黃鼠狼／鼬鼠 Weasel

可參考 P.157 雪貂

黃鼠狼出現的意義

- 生意往來要特別謹慎，並且進一步深入挖掘，而非只依賴檯面上的所見所聞。
- 這段時間的飲食習慣，可採取一日內少量多餐，而不是標準的一日三餐。
- 對於哪些人可以信任、哪些人不值得信任，請相信自己的感覺。
- 沉靜一、兩天，觀察自己或是人群中發生的一切。
- 在保護家庭與家人這件事情上，你勇往直前、毫無畏懼。

召喚黃鼠狼的時機

- 在與你有業務往來的對象中，你對某人的動機與意圖抱持著懷疑。
- 你處於困境之中，需要掙脫束縛。
- 不管是對於人還是正在發生的事，當一切還不是那麼明顯時，你不確定是否要相信自己的直覺。
- 你正在追求非常重要的目標，希望能夠取得成功。

如果黃鼠狼是你的力量動物

- 你有很強的分析能力，會去探究經驗法則背後的真正原因。
- 你喜歡獨處，享受獨處所帶來的平靜。
- 你能夠在眾人之中保持沉默而不被發現，所以經常在別人未留意你的時候，得知一些事情。
- 你不容易被激怒，但如果被挑釁，你會毫不手軟，給予致命的一擊。

209 鯨 Whale

可參考 P.59 白鯨、P.69 藍鯨、P.208 座頭鯨、P.292 虎鯨

©Thomas Haider/Oxford Scientific/JupiterImages

鯨出現的意義

- 用歌唱、哼唱或唸誦來表達自己，純粹出於喜悅而做。
- 現在是特別富有創造力的時刻，讓自己沉浸其中，享受從想像力深處湧現的任何藝術表現。
- 現在很適合拓展自己的靈性深度，你愈能釐清自己的心緒（如定期冥想）、就愈能擴大自己的深度。
- 你對於地球生命起源的奧祕愈來愈感興趣。
- 你一直忙於創意與藝術專案，而讓自己失去了平衡，你需要藉由休閒、社交或暫時分散注意力，讓自己暫停片刻。
- 保留自己的能量，用藍色或白色的光幕包圍自己，從精神上阻隔自己與外界的接觸。

召喚鯨的時機

- 你想要唱歌或播放音樂，但經常會出於自我意識或是受到外在條件的限制，而停止這個想法。
- 你蹚入情緒的渾水一段時間了，現在需要浮出水面喘口氣。
- 你希望生活中擁有源源不絕的富足與養分。

・你的生活一團混亂而感到難以承受，你希望在這種情況下找回一些平靜與安寧。

如果鯨是你的力量動物

・你很獨立、安靜，經常沉思，很少有人了解你的內心。
・你擁有靈性的天賦與很強的直覺，具有遙聽與心電感應的能力。
・你發現自己說話與思考的內容都很有深度，但並沒有察覺自己是如何、或為何知道這些事情，通常是事後才發現，原來你的所感所知都是準確的。
・你與遠古奧祕有所連結，擁有古老的靈魂，深深地愛著、關心著大地母親與她身上的一切生物。
・隨著年齡的增長，你對於地球上生命的起源、普遍的真理以及宇宙的開端，會有愈來愈多的理解與認識。

210 角馬 Wildebeest

請見 P.174 牛羚

211 狼 Wolf

狼出現的意義

- 你的意識正在剔除對你的靈性意志不再有用處的特徵和行為。
- 讓合作優先於競爭。
- 珍貴的見解、想法、新的課題正來到你的面前，必須要密切注意。
- 要保持自己的自尊和正直，即便你覺得自己被誤解或與人意見分歧，都要深信自己內在的覺知。
- 你在任何時候都受到靈性與精神上的周全保護。

召喚狼的時機

- 你在一段關係、一項計畫或自己的事業裡失去了方向，或者對於自己的生涯規劃與目標感到非常困惑。
- 你覺得自己的社會關係相當極端，不是感覺被孤立、就是被家人或朋友過度糾纏。
- 你處在過度文明的狀態，想要開發自己的野性和本能。
- 你很難辨別某人與你交流的真誠度和真實性。
- 你希望自己的溝通能夠更有表現力，想要加入更多肢體語言與聲音變化。

如果狼是你的力量動物

- 你有強烈的家族與社群意識，天生就有社會秩序的認知，而且深愛你的朋友與家人。
- 雖然你寧可避免衝突，但仍會在必要時，捍衛保護自己和所愛的人。
- 不論是語言還是非語言的表達，你都非常擅長，而且可以充滿熱情、真誠、生動地講述故事。
- 你是天生的老師，較常以經驗來傳授知識，而非正規教育。
- 雖然你和朋友家人在一起感到很自在，但大多數情況下，你其實相當害羞。

212 狼獾 Wolverine

狼獾出現的意義

- 要有主見，堅定自己的立場，讓自己的意圖明確。
- 現在需要小心謹慎，不要在沒有考慮清楚的情況下，做出衝動或突然的決定。
- 存夠錢、儲備好生活必需品，預先為未來做好準備。
- 清楚判斷自己該前進還是後退，要知道你的第一個、同時也是最好的選擇，永遠是先退一步。
- 不論是透過學校或是自主學習，參加自己感興趣的課程以滿足對學習的渴望。
- 讓自己置身於大自然之中，最好是到樹林裡，並且花一點時間冥想漫步。

召喚狼獾的時機

- 你發現自己處於競爭狀態，對方似乎比你更強壯或是更有能力。
- 你對未來感到非常不確定，希望確保自己的需求能獲得滿足。
- 你覺得自己很軟弱，想要放棄，需要額外的支持、勇氣及力量。
- 你正在尋找被欺騙所掩蓋的真相。

如果狼獾是你的力量動物

- 你很害羞，比較喜歡躲在幕後，不想礙事，很少讓自己被看見。
- 你希望盡量避免衝突，但必要時也不會退讓，一旦受到威脅，你就會變得相當強悍。
- 你喜歡在森林裡露營和散步，覺得戶外是你的第二個家。
- 你的行蹤飄忽不定，別人很難找到你，也知道你會逃避那些需要社交的活動。

213 袋熊 Wombat

袋熊出現的意義

- 在你的生活即將發生戲劇性的轉變之時，你已擁有應變所需的一切資源，只是必須再深入挖掘才能找到。
- 努力爭取自己想要的事物，但輕鬆看待結果。
- 帶著自信為自己發聲，不管聽眾對你說的話有什麼反應，都對他們保持尊重及同理心。
- 養成良好的口腔衛生習慣，好好照顧你的牙齒。

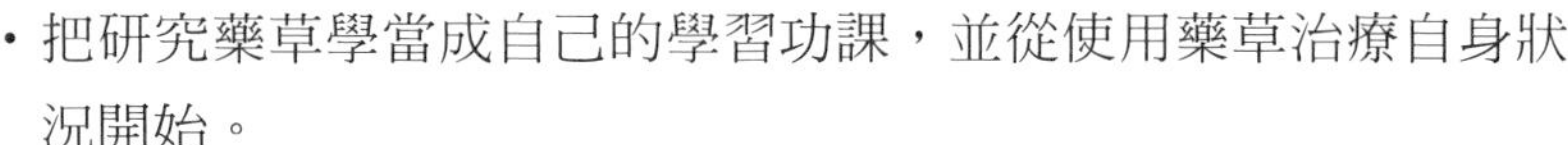

- 把研究藥草學當成自己的學習功課，並從使用藥草治療自身狀況開始。

召喚袋熊的時機

- 你覺得自己被威脅、霸凌或是被欺負。
- 你覺得自己處於無意義的競爭環境之中，想要放慢腳步，從中抽離，把更多的精力投入到自己喜歡的事物上。
- 你準備好要運用自己的天賦，並且想找到表現的方法。
- 有人用很不尊重你的方式在威脅你，你想要堅定地處理這個問題，為自己挺身而出，但又不希望變得過於咄咄逼人。
- 生活變得有點混亂，你想要感受到穩定和平靜。

如果袋熊是你的力量動物

- 你很聰明也很勤奮，非常有決心和毅力。
- 你認真玩樂，也認真工作。
- 你很清楚自己是誰、想要什麼，對任何人都沒有虧欠。
- 你與他人的溝通都相當堅定自信、直接且明瞭。

214 啄木鳥 Woodpecker

啄木鳥出現的意義

- 有場風暴正在醞釀，可能是真正的風暴，也可能只是象徵上的意義，但是無論如何要有信心，因為你都會受到完整的保護。
- 你現在很適合練習打鼓或是其他打擊樂器，可以獨自進行也可以跟朋友一起。
- 你正要邁入一段豐盛富饒的時期。
- 進入大自然，躺在土地上，緩慢且平穩的深呼吸，試著感受大地母親的心跳聲。
- 專注你自己的步調和節奏，盡量調整自己以配合身體的韻律，而不是與之對抗。

召喚啄木鳥的時機

- 你的能量很低，想要恢復自己的活力與精力。
- 你突然想要參加打鼓和打擊樂的活動，但不知道該如何進行。
- 你進入一段非常忙碌的時期，必須利用個人時間處理很多不同的計畫與要求。
- 你覺得自己被困在一些混亂的情緒當中，想要更深入了解及分析到底發生了什麼事，以便更了解這些感受。

如果啄木鳥是你的力量動物

- 你很活躍，很難安靜下來，總是從一個計畫跳到下一個計畫。
- 你的情緒變化很快，常常出人意料，前一刻還很暴躁，下一刻突然就開始安靜沉思。
- 你很常抓緊一個人或一件事不放，有時候甚至會很挑剔。
- 跟隨自己的節奏前進，做最適合自己的事情。

215 斑馬 Zebra

斑馬出現的意義

- 你正在用非黑即白、二元對立的方式看待事物，因而限制了自己的選擇與靈活度。
- 你與某人之間的衝突最好能找出折衷的辦法，而非陷入對與錯的僵局中。
- 去質疑自己所擁有的一切，哪些是真實的？哪些又是自己認同的幻象？這麼一來，你就能擴大自己的意識範圍。
- 當意見分歧的時候，試著不要造成對峙、衝突的情況，改以比較委婉的方式來處理，像是說服對方、同意彼此意見相左，或是暫停一下，讓自己以新的角度來看待這件事。
- 你即將發現一些不被注意或被隱藏起來、卻很實用的知識，你不用特地去尋求這些知識，只要讓自己保持開放的心境去接收訊息。

召喚斑馬的時機

- 身為家庭、團隊、社群的一員，你試著要彰顯自己的獨特性，但卻因此遭遇一些衝突。

- 你必須要籌備一項團隊活動，例如社區計畫，因此，你想要在成員之間營造和諧的氣氛。
- 你嘗試了各種解決方案，但到目前為止都沒有成功，因此現在你需要用全新且有創意的方式來檢視問題。
- 你不確定自己所選擇的道路是否有意義，希望能確定這件事。

如果斑馬是你的力量動物

- 你充滿自信並沉穩，行事腳踏實地，並且有十足的能力面對敵對力量並保持穩定和平衡。
- 你富有同理心，能成為一名厲害的治療師。
- 你喜歡挑戰，清楚知道那是成長的機會。
- 無論是行動和想法，你都非常快速敏捷。
- 你很喜歡團體合作，也能在團體中保持正直與自主。
- 你喜歡探索未知世界的奧祕與魔法，並願意嘗試各種方式去進入那個世界。

第2章

針對特定需求
召喚動物守護靈

召喚動物守護靈

如果你需要動物守護靈協助你改善或面對某種情況，或者是希望守護靈幫助你建立或加強某種特質，你可以在以下的列表中找到相應的動物靈。大部分的主題都有一位以上的動物守護靈，請用直覺找出共鳴最強烈的那位守護靈，接著用祈禱、冥想、沉思，或是薩滿之旅等方式召喚你的守護靈。一旦守護靈出現後，你可能會立刻獲得答案，但也有可能獲得進一步的引導與方向，告訴你如何改善這個狀況；或者是獲得一些方法，讓你更能體現自己想要的特質。

在你決定好要召喚的動物守護靈之後，請按動物名稱後所列的頁碼，前往〈第 1 章〉尋找該動物靈，以獲得更詳細的指引。

2 劃

了解與解釋夢境

了解與解讀你看見的影像

人生方向

3 劃

女性智慧

女性儀式

女孩到女人的成年禮

4 劃

不墨守成規

內省與自我反省

公共服務

分辨他人的動機

分辨出值得信任的對象

分辨肢體語言與聲音特徵的意義

友善

反覆吟唱

天氣預測

天真與純潔

少量多餐

心靈的敏捷與靈活

支持他人的自主與獨立

支持自己的自主與獨立

水上旅行

5劃

生存適應力

生育、豐饒

生命中的過渡期

生活方式的改變

生活的變化

生產力

用金錢療癒關係

6 劃

全新的觀點

共感同理

危險預警

合作

同理與關懷

回歸自然

在志同道合的團體中找到其他人

地面旅行

好奇心與探索

安頓下來

安靜休息

安靜與獨處

成功的結果

有目的的犧牲

有效管理情緒

有興趣進行造林計畫

臣服與接受

自給自足

7 劃

克服心理障礙

克服身體障礙

克服拖延症

克服挑戰與掙扎

克服情緒的糾結與障礙

克服與釋放恐懼

免受任何傷害

免受言語攻擊的傷害

弄清可疑的跡象

形象化

快速的進展或成長

快速思考與反映

扮演、裝扮、模仿

把握意外的機會

把握機會

改正錯誤與缺失

改善恐懼和惡夢

改善視力

改善溝通技巧

改善憂鬱與沮喪

改變外型

身體或情感上的支持

身體或情緒的排毒

身體淨化與排毒

身體與情緒的滋養

身體療癒

8 劃

享受戶外活動

享受生活的舒適美好

依循內在的真理與指引

具備更多耐心

協助處理臨終或離世事宜

協調團隊計畫

呼吸療法

和平與和諧

和諧的關係

夜間工作

夜間活動

忠於自己的靈性之道

忠誠

性吸引力

性關係

承受困難的時期

承擔責任

拓展自己的僵化思考

放下受害者思維

放下擔憂

放慢步調

放輕鬆

放鬆與享受

明確、有目的的意圖

欣賞自然與環境

治療皮膚問題

治療成癮

注意細節

直面挑戰

社交技巧

社交能力

社群領導力

空中旅行

芳香療法的研究或使用

表達愛意

表演，專業／非專業

表演藝術

9 劃

保守祕密

保有或維護自己的觀點

保持有趣、輕鬆的心境

保持冷靜

保持或重拾幽默感

保持專注

保密—把目標或意圖放在心中

保密—把想法或行動放在心中

保衛自己的領域

保護自己不受負面批評所傷

保護自己或家人

信仰活動

冒風險

冒險與探索

前世連結

勇於面對他人

勇於面對自己的恐懼

勇於面對威脅或恐嚇

勇於面對負面批評

勇氣

威卡教巫術練習

孩童與兒童照顧

度過艱難時期

建立或維持權威

建立神聖或個人的空間

洞察力與理解力

活在當下

為人父母與養育子女

為自己挺身而出

為家庭付出

相信本能

相信自己的感官

相信自己的感知

相信奇蹟

相信直覺

相信神聖的秩序與時間安排

相信擁有足夠的生活所需

相信豐饒與富足

看見他人的陰影

看穿幻象與表象

看穿表象

研究人類的進化

研究東方的靈性思想

研究進化

研究與調查

研究藥草學

祈禱

突破孤立狀態

突顯自己的聲音

耐心達成目標

要求與擁有自己的力量

重生與恢復

重塑自己的觀點

重新獲得或維持平衡

陌生、不熟悉的環境

音樂表現

10 劃

修理機械物品

個人誠信

冥想

害怕脆弱的狀態

家

家庭生活

家庭和諧

展現與表達自己的感謝

振作／高興起來

旅行過程中的保護

浮上來與世界見面

消化不良

祖先，連結與敬拜

神祕學與神祕術法

神聖幾何學

神聖舞蹈

神聖螺旋形

笑與歡樂

素食飲食

記取教訓

記得一切生命的神聖性

記錄、寫日記

迴避與離開

追求目標

追求自己的休閒嗜好

逃離威脅或問題

高貴與威嚴

11 劃

做出明確的選擇與決定

停止自欺欺人

健康的飲食習慣

偽裝

唱歌或吟唱

堅決地行動

堅定的意志

堅持所想事物

婚姻

專心

專注於感恩

強烈的存在感

從失去中恢復

從困境中被釋放出來

從身體或情緒的創傷中恢復

從責任與負擔中解脫

從欺騙或虛假中辨別真相

從過去的錯誤中學習

悠閒的步調

情感療癒

情緒、感受與表達

情緒力量

情緒或精神上的保護

情緒清理與淨化

情緒管理

採取行動

接收自己的力量之歌

接收靈性世界的訊息

接受他人

接受自己

接受挑戰的機會

接受新想法與可能性

接受親友的支持

控制情緒

敏捷和快速

敏捷與靈活

敏銳的感官

教育與學習

淨化

深沉緩慢地呼吸

深思熟慮的行動

清除障礙

清理與祝福空間

清理與釋放靈體或依附體

清楚自己的靈魂目的與使命

清楚扼要地表達自己

清楚的溝通

清醒夢

理解複雜性

甜蜜的情感

組織與條理

處理分心與干擾

處理生活中的挑戰

處理兩難的局面

處理團體壓力

處理與吸收資訊

處理驚喜、意外

設立明確界線

速度與效率

連結大自然和地球

連結自己的野性本能

陪伴或相處

喜好水性

喜悅

喜愛與關心與水有關的事物

單親家庭

尊重且關愛地球

尊重他人

尋回遺失物品

尋找安慰情緒的方法

尋找快樂

尋找跟預言有關的影像

尋找隱藏的寶藏或天賦

尋找靈魂名字

尋找靈魂伴侶

尋求陪伴

復原力與適應力

提升自信心

提升性欲

提升直覺

提升能量

提升記憶力

提升敏感度

提升顯化能力

提取內在力量

提取內在智慧

提高自信與自尊

散步冥想

滋養內在小孩

滋養與照顧

無私的服務

無所畏懼

發現神聖的物品

策略與規劃

結婚典禮

給予他人

給予與接受觸摸

評價與觀察他人或情況

超脫、抽離

進行回收

開始走向靈性道路

開始新計畫

開發內在智慧

開發本能與通靈能力

開發自己的心靈感應能力

開發或提升遙感能力

開發或提升遙聽能力

開發直覺能力

陽性（男性）能量

韌性與耐力

順流而行

順應自然的節奏和循環

13 劃

傳授智慧

傳統價值

傾聽本能

傾聽的能力

傾聽直覺

園藝與植栽

想像力與創新

意識旅行

感知表象之下的事物

感情的施與受

敬拜月相

新的開始

業力法則

準備

溝通談判與調解

溫和

照顧自己

瑜伽

補充能量

解決問題

解決疑惑

解除誤會

解除衝突

跳舞與律動

運用光與色彩

運動

預言

預言或預知

鼓勵與支持

鼓勵與支持他人

14 劃

團隊合作

團隊向心力與同伴情誼

團隊領導地位

實現自己的目標

寧靜與祥和

對他人的耐心

對目標的承諾

對任務的堅持

對伴侶／夥伴的承諾

對的時機

對超自然或神祕學感興趣

對新想法持開放態度

對環境的敏感度

對變化有所警覺

演出

增加或保持信心

增加或恢復活力與熱情

增加動力

增添生活樂趣或玩樂

增添色彩

寬恕

樂觀主義

熱情與感官享受

緩解焦慮與恐懼

調整步調節奏

請求想要的東西

賦權、產生力量

儲存日常用品

儲存自己的能量

壓力管理

彌補過錯

檢視與別人的合適程度

獲得更多資訊

獲得或維持平衡穩定

環境改變

環境議題

聰明與才智

聰明與機智

聰穎與機智

聲音的挑戰

聲音表現—唱歌或表演

聲音表現—說話或演說

聲音療癒

謙遜

隱身幕後

18 劃

擺脫不健康的依賴關係

擺脫困境

擺脫某人

擺脫害蟲

簡化事物

薩滿術法與實踐

謹慎自己的用詞遣字

謹慎溝通

轉換新身分

轉變、轉化

釐清溝通

離開、進入獨處狀態

離開舒適圈

懷孕與生產

穩定

穩定性與持久力

穩健的前進

藝術與創作的支持

關係療癒

願望實現

20 劃

寶寶的祝福或命名儀式

覺察自我的陰影

覺察其他維度與真實

觸摸療癒

警惕與警覺

釋放內心的罪惡感與羞恥感

釋放毒素

釋放消極的情緒與評斷

釋放創造力

釋放與清除不再適合的東西

釋放壓抑的情緒

21 劃

屬於一個群體

攝取足夠的水分

魔法與神祕

23 劃

戀愛與親密關係

24 劃

靈巧的手藝

靈性上的保護

靈性法則

靈性的存在

靈性的探索與冒險

靈性的朝聖之旅

靈性的催化劑

附錄

來自動物守護靈的訊息
引導式冥想

進行這場冥想之前，請你先閱讀以下內容，並盡量依照文字的引導。

你可以事先把這段冥想錄音下來，然後在自己的設備上播放，當然，也可以請認識的人協助。你也可以購買同名 CD《來自動物守護靈的訊息：引導式冥想》（*Messages from Your Animal Spirit Guide: A Guided Meditation Journey*，暫譯），裡面也有這場冥想的音檔。

或者，你可以跟朋友或在團體中進行這場冥想，請其中一位念出冥想的指引。冥想結束之後，大家可使用本書一起討論過程中出現的一切。你們也可以帶著《力量動物》或者《力量動物神諭卡》一起進行解讀，探索動物守護靈給予大家的靈感與餽贈。

雖然冥想說明建議以坐姿進行，不過你也可以躺下。如果你選擇躺著，請舉起一隻手臂、與床面呈九十度，維持這樣的姿勢直到冥想結束。如此一來，一旦你睡著了，你的手就會掉下來打到自己。這場冥想很適合在擁有充足睡眠的隔天一早進行。

請注意，你將前往「下層世界」、地球的乙太區（無形世界），與我們一般所想的陰間完全不同。「下層世界」的概念起源於薩滿教，那個空間是完全安全的，在大部分的薩滿系統中，動物靈都住在這裡。

在這段旅程之中，你可能會、也可能不會遇見原本期盼的動物守護靈，出現的有可能是你的圖騰動物或力量動物，也有可能是其他的守護靈。無論如何，出現在你面前的動物靈，就是當下最適合的守護靈。

那我們就開始吧！

播放一些放鬆的情境音樂，把燈光調暗，讓自己舒服地坐好……進行幾次深呼吸……準備好之後，閉上雙眼……再深深地吸一口氣，然後，放鬆地吐出來……知道自己非常安全……如果你要帶著動物靈或任何守護靈一起進行，請召喚祂們，讓祂們一路守護你的安全……你深深地被愛著……被保護著……時時刻刻……

深呼吸……讓你的意識跟隨呼吸一起脈動……感覺到自己現在是多麼的放鬆與舒適……放下一切緊繃的感受……慢慢來……讓自己完全的放鬆……呼吸……

現在，讓自己的意識輕輕地、慢慢地向下飄，飄進大地之中，飄進下層世界……讓自己舒適地落在大地之中……知道自己時時刻刻都很安全、受到完整的保護……落入大地之中時……注意身體的感受……注意自己的呼吸……注意自己有多放鬆……

這時你逐漸下降，很快會碰到一片草地……觀察自己是怎麼降落下來的……接著，你輕輕地踏在這片草原上，感到這裡很舒服也很安全……

當你到達時，看看周遭的景象、看看周遭的一切……在不遠處，有座森林……在遠方，有高山……森林的另一邊是大海……注意眼前看到的顏色……認真聆聽聽見的任何聲音……仔細感受你聞到的味道……並且去感覺太陽照射在你皮膚上的溫度……也許你還能感受到微風輕輕地吹拂……

現在，你可以決定要繼續待在這個美麗的草原上，也可以四處走走……自己決定吧，去你想去的地方……慢慢來，好好地走一走……

如果你待在草原上，請選擇一個舒服的地方坐下來……如果你漫步到山中、森林中、森林的小河旁、或者去海邊……不管在哪裡，到了那邊，一樣找個舒適的地方坐下來……深呼吸，讓自己在這個環境中完全放鬆，並且開啓自己所有的感官……

現在，在內心想著你的問題……

當你這樣做時，你很快就會注意到有一隻動物朝你走過來……你意識到那是一位動物守護靈，祂就是最適合你內心問題的守護靈……祂可能是、也可能不是你的圖騰動物或力量動物……祂可能是、也可能不是你在夢中或異象中，曾經看見的動物……然而，你很確定祂就是你在尋找的守護靈……

你很安全、受到完整的保護……這位動物守護靈走向你，祂非常友善，願意幫助你……請把自己的問題透過心靈感應的方式告訴這位動物靈……然後，觀察周遭發生的一切……守護靈可能會從影像、聽覺或是從身體的感覺給你訊息，也有可能是你腦中突然出現的某個想法……

你收到的訊息可能很難懂、也可能很直接清晰……不管訊息以哪種方式出現，你只要先收好就好，不用馬上去解讀……如果有不清楚的地方，請你的守護靈幫你進一步說明……然後，稍等一下，看看接著會出現什麼……你只要讓自己好好收下訊息……

等到感覺一切都結束了，請面向動物守護靈，用你的方式對祂表達感謝……現在請注意，守護靈會給你一個小禮物……那是這場旅程的紀念品，是守護靈對你的愛與關懷的象徵……所以請收下它、將它放在胸口、放入自己的內心……閉上雙眼，進行幾次緩慢而輕鬆的深呼吸……將你的禮物吸收進去……好好感受……你是自己的雙眼，請再次感謝你的動物靈……並且向祂道別……

你的動物守護靈離開了，你再度閉上雙眼……

現在，你感覺自己正在漸漸上升，逐漸離開下層世界，回到了中層世界……回到你進行冥想之處……注意自己的呼吸……把意識帶回自己的身體……你現在可能想動動手指、動動腳趾頭，沒關係，慢慢來……放輕鬆、舒服地呼吸……準備好的時候，就張開雙眼，看看周遭的環境……讓自己回到當下、回到第三維度的真實……等你完全回來的時候，就可以著手寫下剛剛經歷的一切。

我建議你寫下發生過的所有經歷。你從動物守護靈收到的訊息可能非常清楚明瞭，也可能有點模糊、像夢境一般。如果訊息不是很清楚，就把這些片段放在心裡一整天，其他的部分就會開始在這段期間慢慢浮現。只要你有任何疑問，都可以進行這場冥想，讓動物守護靈提供你最適當的建議。

附錄

參考資源

認識動物守護靈的訊息

——書籍

- *Animal Dreaming*, Scott Alexander. Project Art and Photo: Victoria, Australia, 2003.
- *Animal Magick: The Art of Recognizing and Working with Familiars,* D.J. Conway. Llewellyn Publications: St. Paul, Minnesota, 2002.
- *Animal-Speak: The Spiritual and Magical Powers of Creatures Great & Small*, Ted Andrews. Llewellyn Publications: St. Paul, Minnesota, 1993.
- *Animal Wisdom: The Definitive Guide to the Myth, Folklore and Medicine Power of Animals*, Jessica Dawn Palmer. Element/ HarperCollinsPublishers: London, 2001.
- *Animal-Wise: The Spirit Language and Signs of Nature*, Ted Andrews. Dragonhawk Publishing: Jackson, Tennessee, 1999.
- *Celtic Totem Animals,* John Matthews. Eddison Sadd Editions Ltd: London, 2002.
- *Druid Animal Oracle*, Philip and Stephanie Carr-Gomm. Connections Book Publishing: London, 1996.
- *Kinship with All Life,* J. Allen Boone. HarperSanFrancisco, 1954.
- *Magical Unicorn Oracle Cards*, Doreen Virtue, Ph.D. Hay House: Carlsbad, California, 2005.
- *Medicine Cards*, Jamie Sams and David Carson. St. Martin's Press: New York, 1988. 449
- *Power Animal Oracle Cards*, Steven D. Farmer, Ph.D., Hay House:

Carls- bad, California, 2006.

- *Power Animals*, Steven D. Farmer, Ph.D. Hay House: Carlsbad, Califor- nia, 2004.
- *Totems: The Transformative Power of Your Personal Animal Totem*, Brad Steiger. HarperSanFrancisco: 1997.
- *The Vision*, Tom Brown, Jr. The Berkley Publishing Group: New York, 1988.
- *The Way of the Shaman*, Michael Harner. HarperSanFrancisco, 1990.

── 網站

以下列舉出一些相關網站，你可以用搜尋引擎搜查關鍵字來獲得更多訊息，關鍵字如：動物守護靈（animal spirit guide）、動物靈（spirit animal）、圖騰動物（totem animal）、力量動物（power animal）等。

- *Animal and Bird Totems:* holistichealthtools.com/totems.html
- *Animal Symbolism–Animals in Art:* princetonol.com/groups/iad/lessons/middle/animals.htm
- *Cycle of Power: Animal Totems:* sayahda.com/cycle.html
- *Enchanted Learning:* enchantedlearning.com/subjects/
- *How to Find Your Animal Totem:* serioussilver.com/totemenergy/findtoteminfo.html
- *Meeting the Power Animals:* rainbowcrystal.com/power/power.html
- *Power Animals:* childrenoftheearth.org/PowerAnimals/shuffle16.html (great for older children)
- *The Red Road:* groups.msn.com/LightWorkersandMagicalThingsCenter/americannative.msnw
- *Shamanism: Working with Animal Spirits*, geocities.com/~animalspirits/index1.html

- *Totem Animals:* crystalinks.com/totemanimals.html
- *Totems:* wiccanlife.com/bos/totem.htm

動物相關知識

——書籍

- *Animal*, David Burnie and Don E. Wilson, eds. DK Publishing, Inc.: New York, 2001.
- *Dorling Kindersley Animal Encyclopedia*, Jonathan Elphick, Jen Green, Barbara Taylor, and Richard Walker. DK Publishing, Inc.: New York, 2000.
- *The Encyclopedia of Animals: A Complete Visual Guide*, Jenni Bruce, Karen McGhee, Luba Vangelova, and Richard Vogt. University of California Press: Berkeley and Los Angeles, 2004.
- *The Last Big Cats: The Untamed Spirit*, Erwin A. Bauer. Voyageur Press, Inc.: Stillwater, MN, 2003.
- *The Life of Birds*, David Attenborough. Princeton University Press: Princ- eton, NJ, 1998.
- *The Life of Mammals*, David Attenborough. Princeton University Press: Princeton, NJ, 2002.
- *National Geographic Animal Encyclopedia*, Jinny Johnson, National Geographic Society: Washington, D.C., 1999 (great for children).
- *Scholastic Encyclopedia of Animals*, Lawrence Pringle. Scholastic, Inc.: New York, 2001 (great for children).

——DVD

- *Africa: The Serengeti*, George Casey. Slingshot Entertainment: www. sling shotent.com, 2001.
- *Alaska: Spirit of the Wild*, George Case. Slingshot Entertainment:

www. slingshotent.com, 2001.

- *Bears*, David Lickley. Slingshot Entertainment: www.slingshotent.com, 2001.
- *Beavers*, Stephen Low. Image Entertainment: www.image-entertainment.com, 2003.
- *The Blue Planet: Seas of Life*, David Attenborough. BBC Video: www. bbcamerica.com, 2001.
- *Coral Reef Adventure*, Greg MacGillivray. MacGillivray Freeman Films Educational Foundation, 2003.
- *Killer Instinct: Snakes*, Rob Bredl, host. Starcast Productions: www. mpi homevideo.com, 2002.
- *The Life of Birds*, David Attenborough. BBC Video: www.bbcamerica.com, 2002.
- *The Life of Mammals*, David Attenborough. BBC Video: www.bbcamerica.com, 2003.
- *March of the Penguins*, Luc Jacquet. Warner Independent Pictures and National Geographic Film Features: www.warnervideo.com, 2005.
- *Pale Male*, WNET New York. PBS: www.pbs.org, 2004.
- *Reptiles*, WNET New York. PBS: www.pbs.org, 2003.
- *Whales: An Unforgettable Journey*, David Clark, Al Giddings, and Roger Payne. Slingshot Entertainment: www.slingshotent.com, 2001.
- *Winged Migration*, Jacques Perrin. Sony Pictures Classics: sonyclassics.com, 2003.
- *Wolves*, National Wildlife Federation. Slingshot Entertainment: www. slingshotent.com, 2002.
- *World of Raptors*, Morley Nelson. Echo Film Productions, Inc: www. sts- media.com, 2003. www.image-entertainment.com, 2003.

—— 網站

網路上有很多很棒的動物知識介紹，只要搜尋特定動物名稱就能找到很多資源，以下僅列出我認為很有幫助的網站。

- *All About Birds*, birds.cornell.edu/programs/AllAboutBirds/BirdGuide
- *Animal Planet*, animal.discovery.com
- *Animals*, yahooligans.yahoo.com/content/animals (great for children)
- *Animals: Explore, Discover, Connect*, seaworld.org/animal-info/animal-bytes/index.htm
- *Articles About Animals*, crystalinks.com/animalarticles.html
- *Australian Animals*, australianfauna.com
- *Big Cats Online*, dialspace.dial.pipex.com/agarman/bco/ver4.htm
- *Big Cat Rescue*, bigcatrescue.org
- *Desert Animals and Wildlife*, desertusa.com/animal.html
- *Enchanted Learning*, enchantedlearning.com/coloring (great for children)
- *National Geographic: Animals and Nature*, nationalgeographic.com/animals
- *Science and Nature: Animals*, bbc.co.uk/nature/animals

—— 組織

以下組織對動物們提供了直接或間接的幫助。

- *American Society for the Prevention of Cruelty to Animals*, aspca.org/site/ PageServer. 424 E. 92nd St, New York, NY 10128-6804. (212) 876-7700. (SPCA is international.)
- *Big Cat Rescue*, bigcatrescue.org. 12802 Easy St., Tampa, FL 33625. (813) 920-4130.
- *Defenders of Wildlife*, defenders.org. 1130 17th Street, NW, Washington, DC 20030. (202) 682-9400.

- *In Defense of Animals*, idausa.org. 131 Camino Alto, Ste. E, Mill Valley, CA 94941. (415) 388-9641.
- *The Fund for Animals*. fund.org. 200 West 57th St., New York, NY 10019. (212) 246-2096.
- *International Fund for Animal Welfare*, ifaw.org.
- *National Wildlife Federation*, nwf.org. 11100 Wildlife Center Dr., Reston, VA 20190-5362. (800) 822-9919.
- *Natural Resources Defense Council (NRDC)*, nrdc.org. 40 West 20th St., New York, NY 10011. (212) 727-2700.
- *Nature Conservancy*, nature.org. 4245 North Fairfax Dr., Suite 100, Arlington, VA 22203-1606. (703) 841-5300.
- *Oceana*, oceana.org. 2501 M Street, NW, Ste. 300, Washington, DC 20037-1311. (202) 833-3900.
- *People for the Ethical Treatment of Animals (PETA)*, peta.org. 501 Front St., Norfolk, VA 23510. (757) 622-7382.
- *Physicians Committee for Responsible Medicine (PCRM)*, PCRM.org. 5100 Wisconsin Ave., N.W., Suite 400, Washington, DC 20016.
- *World Wildlife Fund*, wwf.org. 1250 24th St., NW, Washington, DC 20037. (800) 225-5993.

中文動物名稱索引

為了方便讀者檢索動物，讓本書功能更加完備，繁體中文版特地提供以動物的中文名稱重新排序的檢索表。只要按動物的中文名稱首字筆劃查詢，就能快速找到你想檢索的動物，對照頁碼即可查閱內文。

2劃

3劃

4劃

5劃

6 劃

7 劃

8 劃

9 劃

10劃

11劃

12劃

13 劃

14 劃

15 劃

16 劃

17 劃

18 劃

19 劃

20 ～ 24 劃

25 劃以上

致謝

每一本書的出版都是眾人努力的成果，我很感謝為本書付出的所有人。首先我要對所有在過程中幫助過我（或是要求過我）的動物守護靈致上最深的謝意，尤其是**鷹**、**渡鴉**、**獾**、**浣熊**、**負鼠**、**貓頭鷹**、**蛇**。當然，我也要感謝很多人類朋友，謝謝 Bill Hannan 與 Joan Hannan，還有 Chase、Nicole、Grant 和 Catherine，他們在過程中不斷督促我寫作的進度；同時也感謝 Jaden 與 Gena 單純在身旁支持著我。

我要向全世界的原住民族表達我最謙卑的感謝，他們的儀式保留了自然的樣貌，他們知曉我們與神造萬物之間深厚的關係。

感謝眾多作者與老師對動物守護靈相關知識的貢獻，提供了許多無價的寶貴靈感，包括（但不只有）Brad Steiger、Jamie Sams、David Carson、Jessica Dawn Palmer、Ted Andrews、Philip Carr-Gomm、Stephanie Carr-Gomm、D.J. Conway、Scott King、J. Allen Boone。

很感謝薩滿導師與薩滿同學們，在寫作期間對我的各種支持，包括了 Michael Harner、Jade Wah'oo-Grigori、Tom Brown、Jr.、Larry Peters、Angeles Arrien、Tom Cowan、Sandra Ingerman、Hank Wesselman、Karen Palmer、Evie Kane、Gretchyn McKay。

特別感謝 Donna Schenk 所搜尋的動物照片；Jill Kramer 與 Shannon Littrell 在本書編輯方面的努力；Amy Rose Grigoriou 靈巧的美編設計；Beverly Lu 的英文版原創封面；Reid Tracy 對這個計畫的信任；Leon Nacson 以及澳洲賀氏書屋（Hay House）的 Heidi、Eli、Rhett、Lauren 等人；英國賀氏書屋（Hay House）的

Megan、Jo、Michelle；還有 Louise Hay 的帶領與激勵。

最後感謝身邊不斷鼓勵我的朋友們，包括 Kevin、Chris、Gary M.、Wayne、Paul H.、Beeohbee、Gary D.、Phil、Paul C，也很感謝一直愛著我、支持我進行這項計畫的朋友們，包括 Rich Goodman、Jeremy Donovan、Shannon Kennedy、Edd Mabrey、Bill Lyon、Jade Wah'oo-Grigori、Lynnette Brown、Dan Clark、Debra Ann Jacobs、Liz Dawn、Ariel、Karley 和 Ebony。

靈性動物完全指南
召喚守護力量，連結宇宙訊息
Animal Spirit Guides

作　　者　史蒂芬．法默博士（Steven D. Farmer）
審　　譯　李曼瑋
選　　書　春花媽

編輯團隊
美術設計　Zooey Cho（卓肉以）
內頁排版　高巧怡
特約編輯　宋良音
責任編輯　劉淑蘭
總 編 輯　陳慶祐

行銷團隊
行銷企劃　蕭浩仰、江紫涓
行銷統籌　駱漢琦
業務發行　邱紹溢
營運顧問　郭其彬

出　　版　一葦文思／漫遊者文化事業股份有限公司
地　　址　台北市103大同區重慶北路二段88號2樓之6
電　　話　(02) 2715-2022
傳　　真　(02) 2715-2021
服務信箱　service@azothbooks.com
漫遊者書店　www.azothbooks.com
漫遊者臉書　www.facebook.com/azothbooks.read
一葦臉書　www.facebook.com/GateBooks.TW
發　　行　大雁出版基地
地　　址　新北市231新店區北新路三段207-3號5樓
電　　話　(02) 8913-1005
訂單傳真　(02) 8913-1056

初版一刷　2022年8月
初版四刷(1)　2024年5月
定　　價　台幣620元
I S B N　978-626-95513-3-0

照片提供：
www.shutterstock.com
www.corbis.com
www.jiunlimited.com
www.photos.com
www.jupiterimages.com
www.gettyimages.com
www.seapics.com
www.nigeldennis.com

國家圖書館出版品預行編目 (CIP) 資料

靈性動物完全指南: 召喚守護力量，連結宇宙訊息/ 史蒂芬・法默博士（Steven D. Farmer）著. 李曼瑋 審譯.-- 初版. -- 臺北市 : 一葦文思, 漫遊者文化事業股份有限公司, 2022.08
488 面 ; 14.8X21 公分
譯自 : Animal spirit guides : an easy-to-use handbook for identifying and understanding your power animals and animal spirit helpers
ISBN 978-626-95513-3-0(平裝)
1.CST: 心靈學 2.CST: 心靈感應 3.CST: 動物
175.9　　111011910